GRIECHENLAND

KÜCHEN DER WELT

GRIECHENLAND

KRISTINA LIKIDIS-KÖNIGSFELD

Originalrezepte und Interessantes
über Land und Leute

Rezeptfotos: Michael Brauner

Makedonien
(ehem. Jugoslawische
Teilrep.)
Albanien
Makedonien
Thessaloniki
Chalkidiki
Korfu
Ioannina
Epirus
Olymp
Thessalien
Pilion
Ionische Inseln
Sporaden
Lefkas
Zentralgriechenland
Euböa
Kefallinia
Attika
Zakynthos
Korinth
Athen
Peloponnes
Saronischer Golf
Ionisches Meer
Kithira
Kreta

INHALT

GRIECHENLAND: ERLEBEN UND GENIESSEN

Griechenland, das bedeutet eine Reise zu den Küsten des Lichts, zu malerischen Dörfern mit weißen Häusern und Kirchen mit Kuppeln, so blau wie der Sommerhimmel. Eine Reise zu olivenbewachsenen Hügeln und sonnigen Sandbuchten, zu Ruhe und Erholung, eine Reise, die uns gleichzeitig durch die fünftausendjährige Geschichte und Kultur dieses Landes führt. Die Schönheit der griechischen Landschaft und der antiken Stätten, die levantinisch-lässige Lebensart seiner Metropolen Athen und Thessaloniki, die liebenswerte, unkomplizierte Gastfreundschaft der Menschen in den Dörfern – dieses Griechenland hat zu allen Zeiten Maler, Literaten, Archäologen und Reisende aus aller Welt fasziniert und begeistert. Die Liebe zu Griechenland geht seit jeher auch durch den Magen. Schon in der Antike liebte man gutes Essen. So waren die griechischen Köche damals hoch geschätzt und aufs beste bezahlt, was sich auch unter den verschiedenen fremden Herrschern nicht änderte. Viele der römischen Eroberer nahmen ihre griechischen Köche sogar mit nach Rom, wo man ihre Kochkunst bald ebenso schätzte wie in der Heimat. Bis heute hat die griechische Küche nichts von ihrer Beliebtheit verloren. Natürlich gehört auch die richtige Atmosphäre dazu, in der man die Speisen genießt. In geselliger Runde bei einem Glas Oúzo oder Retsina beieinanderzusitzen, zu erzählen, zu lachen und gemeinsam zu genießen, ist mindestens genauso wichtig, wie das Essen selbst – egal, ob sich der Tisch unter den verschiedenen Vorspeisen biegt oder ob Pasteten mit frischem Gemüse gefüllt, Nudeln, köstlicher Fisch oder Fleischspießchen serviert werden. Viele Gerichte der griechischen Küche zeigen auch heute noch die einstige historische Verbundenheit mit dem kleinasiatischen Festland, dem alten Byzanz wie auch mit dem Stadtstaat Venedig und Italien. Außerdem besitzt jede Region Griechenlands ihre kulinarischen Vorlieben und Spezialitäten, ihre Weine und Feste, über die das erste Kapitel spannungsreich berichtet.

In den folgenden Rezeptkapiteln, die in der traditionellen Speisenfolge aufgebaut sind, finden Sie ausschließlich Originalrezepte. Alle Rezepttexte sind ganz praktisch Schritt-für Schritt beschrieben, so daß auch Ungeübte alle Gerichte leicht nachkochen können. Varianten, Kurzreportagen, Tips und Getränkeempfehlungen runden die Rezeptkapitel ab. Ein ausführliches Glossar am Schluß des Buches informiert Sie über Ausdrücke und Namen, die in der griechischen Küche wichtig sind. Typische Menüzusammenstellungen helfen Ihnen, sich und ihre Gäste mit einem original griechischen Essen zu verwöhnen.

LAND & LEUTE LADEN EIN ...

Schon die frühen kulinarischen Vorlieben der Griechen sind uns Dank antiker »Beweismittel« bekannt. Die Vasenbilder zum Beispiel, diese »Comics« des klassischen Zeitalters, zeigen rauschende Feste und nicht selten ganz drastisch auch die Folgen zu üppigen Weingenusses. Auf einer Amphore sieht man Bauern, die mit Stöcken Oliven von den Bäumen schlagen, Kleinplastiken zeigen Bäckerinnen, die Teig kneten. Szenen, die man auch heute noch, besonders auf dem Land, beobachten kann. Als Zahlungsmittel benutzte man damals unter anderem den eisernen Bratspieß, den Obolos. Sechs Bratspieße ergaben eine »handvoll«, übersetzt eine Drachme, der Name der heutige Währung Griechenlands.

Die ersten frühen Kulturen breiteten sich von den Kykladen und von Kreta aus. Auf dem Festland ließen sich die aus dem Norden zugewanderten indogermanischen Stämme nieder, der Lebensraum der Griechen erweiterte sich jedoch vor allem mit der Besiedlung der kleinasiatischen Küsten und Bereichen des Schwarzen Meeres. Durch die Kulturen, die sie im fremden Gebiet vorfanden, bekam ihre Lebensweise entscheidende neue Impulse. Viele heutige Nutzpflanzen haben ihren Ursprung im kleinasiatischen Raum und dem Vorderen Orient, wie der Weinstock, das Getreide, der Olivenbaum und viele Gemüsearten. Eine verfeinerte Eßkultur entwickelte sich vor allem in Konstantinopel am Bosporus. Griechen und Armenier kreierten die köstlichen Pasteten und die mit Olivenöl gegarten Gemüsegerichte. Während der 400 Jahre dauernden türkischen Besatzung wurde die Kirche zur Hüterin der Tradition. Die religiösen Feste, vor allem das Osterfest, bieten auch heute noch willkommene Anlässe für ausgiebige Mahlzeiten im Familien- oder Freundeskreis. Doch nicht nur die Feiertage beeinflussen den griechischen Speisezettel, sondern auch die Jahreszeiten und die regionalen Traditionen. Im Frühling beginnt die Zeit, in der phantasievolle Gemüsegerichte, viel Salat und saftiges Obst auf den Speisezetteln stehen. Gerichte, die auch in der langen heißen Sommerzeit am liebsten gegessen werden.

Einen Herbst, der langsam auf die kalte Jahreszeit vorbereitet, gibt es in Griechenland nicht. So folgt dem Sommer gleich der regenreiche Winter, in dem Wildgemüse, Eintöpfe, Nudeln und Fisch dominieren. In den kargen Bergregionen gibt es vor allem Gerichte mit Getreide wie Pasteten und Nudeln. In den Ebenen und auf den fruchtbaren Inseln wie Korfu, Kreta und Rhodos dagegen dominieren Gerichte mit Fisch und Gemüse. Allen Regionen gemeinsam ist der Stolz auf ihren Wein, dem der großzügige Weingott Dionysos bis heute seinen Segen zu geben scheint.

Ein Bauer beim Ziegenmelken auf der Halbinsel Chalkidiki.

Thrakien, Makedonien und Chalkidiki

Berge, Wälder, Meer und Wein

Thrakien, der nordöstlichste Zipfel Griechenlands, gilt als Bindeglied zwischen Europa und Asien. Der Verlauf der antiken Via Egnatia, seit 146 v. Chr. die wichtigste Handelsstraße zwischen Rom und Byzanz am Bosporus, veränderte sich kaum. Die bedeutendsten Städte Thrakiens, Xanthi und Komotini, liegen im gebirgigen Hinterland. Pinien- und Tannenwälder überziehen die schroffen Hänge. Klöster, aber auch Dörfer mit Minaretten, Enklaven einer muslimischen Minderheit, kennzeichnen diese Region von sprödem Reiz. Erst an der Küste, an den Lagunen, in den fruchtbaren Flußtälern und Ebenen mit Tabak, Baumwolle, Mais und Wein erwacht der Charme der Ägäis.

Ein Duft von Orient durchzieht die Küchen Nordgriechenlands, denn im Zuge des Völkeraustauschs von 1922 wurden viele Griechen aus Anatolien hierher umgesiedelt, die ihre kulinarische Tradition aus byzantinischem und türkischem Erbe lebendig erhielten. Die Spezialitäten der Zuckerbäcker von Xanthi liefern dafür köstliche Beweise wie Revani, der Grießkuchen, und Kourabiedes, das Mandelgebäck. Mit dem berühmten Kaffee Komotinis, dessen kräftiger Duft morgens verlockend den Röstereien entströmt, versorgen sich auch Durchreisende. In den Gassen der Altstadt hämmern Blechschmiede an kleinen Kupferkännchen, in denen später Mokka gekocht wird, ob griechischer oder türkischer ist eine Frage der Toleranz. Eine weitere Spezialität sind Loukanika, pikante Würste, die dienstags auf dem Wochenmarkt angeboten werden, und Avgotarachon, gepreßter Fischrogen für Taramosalata.

Makedonien, im Nordwesten Griechenlands gelegen und wie Thrakien Grenzland mit wechselvoller Geschichte, ist die größte Provinz des Landes und gilt als die reichste. Erdbeeren, Pfirsiche, Äpfel, frisches Gemüse, aber auch Fisch gibt es in Makedonien im Überfluß. So glänzt es frühmorgens im Hafen von Kavalla silbrig aus feuchten Körben, begutachten Käufer einen riesigen Oktopus in der hochgestreckten Hand des Fischers. Garnelen, Barben, Tintenfische und Makrelen locken auch an Ständen am Kai. Auf dem lebhaften Markt in den rückliegenden Gassen sitzen Bäuerinnen hinter Kräuterbündeln, Gemüsebergen, Käseblöcken, Säcken mit Hülsenfrüchten und Trachana, dem Suppenmehl aus Joghurt und Weizen. Kavalla, schmuck und lebhaft, mit Festung, Altstadt und stattlichem Aquädukt, ist auch Ausgangspunkt für Inselausflüge nach Samothraki und Thassos. Zusammen mit der antiken Stadt Philippi auf dem Festland wird Thassos von Anfang Juli bis Ende August zum kulturellen Mittelpunkt des Makedonien-Festivals mit Theateraufführungen und Konzerten. Den köstlichen Wein von Thassos lassen sich Inselbewohner und Gäste besonders am Kirchweihfest im Dorf Limenaria am dritten Osterfeiertag schmecken.

Geradezu göttlich schmecken aber auch die makedonischen Weine von Naoussa, Goumenissa und Amyntäon, die an Berghängen reifen und volles Aroma entwickeln. Den kalten Winden Nordgriechenlands trotzt man besonders gerne mit Tsipouro, dem aus Traubenrückständen gebrannten Schnaps.

Thessaloniki, Hafen-, Handels-, Industrie- und Messestadt, gegründet von Phillipp II. (359–336 v. Chr.), dem Vater von Alexander dem Großen, besitzt eine reiche Geschichte und levantinischen Charme. Die Thessaloniker stehen im Ruf, anspruchsvolle Genießer zu sein. Vorspeisen und Spezialitäten mit Fisch und Meeresfrüchten, wie z.B. Midia tiganita, die ausgebackenen Muscheln, ißt man in dieser Stadt am besten.
Südlich von Thessaloniki streckt die Halbinsel Chalkidiki ihre drei »Finger« ins Ägäis-Blau. Auf einem, der autonomen Mönchsrepublik Athos, leben noch etwa 2000 Mönche, die nach wie vor den roten Athos-Wein zu keltern verstehen. Die beiden anderen schlanken Halbinselchen Kassandra und Sithonia wie auch die Nachbarinsel Thassos sind beliebte Touristenziele. Die Halbinsel Chalkidiki liefert außer Tafeltrauben bei Sithonia fruchtigen weißen und roten Qualitätswein aus einheimischen und französischen Rebsorten mit der Herkunftsbezeichnung Côtes de Meliton.

Thrakiens Weine fließen vor allem an Festtagen. So auch am 21. Mai, wenn in Agia Eleni und Agios Petros bei Serres und in Langada bei Thessaloniki zu Ehren der Heiligen Konstantin und Helena Umzüge und Volkstänze veranstaltet werden. Höhepunkt des Festes ist der barfüßige Tanz auf glühenden Kohlen.

Türkisfarbenes Wasser bei Pallinandrea auf der Halbinsel Kassandra lädt zum Baden ein.

Friedlich liegt der Fischkutter im Hafen von Marmaras auf Sithonia.

Im antiken Theater von Dodone werden noch heute im Hochsommer antike Dramen aufgeführt.

Thessalien zwischen Pilion und Epirus

Seen, Klöster, Früchte und Krebse

Drei große Gebirgswellen verlaufen parallel von Norden nach Osten über das griechische Festland: die Berge des Epirus am Ionischen Meer, des Pindos in der Mitte und die Kette imposanter Erhebungen entlang der Ägäis mit dem Olympos (2917 m), dem Ossa (1978 m) und den Pilion-Bergen auf einer kleinen Halbinsel. Zwischen den Städten Larissa, Volos und Karditsa breitet sich die Thessalische Ebene aus, die Kornkammer Griechenlands. Die Flüsse aus den Bergen liefern Wasser für den Anbau und speisen auch die zahlreichen Stauseen. Wo im Westen die Ebene endet und die Bergkette des Pindos beginnt, schuf die Natur ein außergewöhnliches Phänomen, die steilen Felstürme der Meteora. Auf ihren Spitzen sitzen Klöster, weithin sichtbare Festungen des Christentums, denn Thessalien ist auch das Land der Mythen, der Zentauren und der heilkräftigen Quellen bei Trikala, die seit der Antike berühmt sind.

Wenn eine Pfirsichsorte »Mastos Afroditis«, Busen der Aphrodite, heißt, bedarf es wenig Phantasie, sich vorzustellen, wie köstlich diese Früchte sind. Aber auch Äpfel, die im Bereich der Pilion-Berge reifen, sind saftig, knackig und süß. Die Pilion-Dörfer waren früher für ihre Seidenraupenzucht berühmt und sind so zu einigem Wohlstand gekommen. Viele der alten Bürgerhäuser wurden mittlerweile restauriert. So gehören die stolzen Bergdörfer heute zu den schönsten Griechenlands. Hier, an der gezackten Küste der Ägäis, gibt es noch gute Fänge an Meerestieren. Ein ganz typisches Gericht dieser Gegend ist Oktapódi stifado, ein mit vielen kleinen Zwiebeln, Tomaten, Zimt und Wein im Ofen gegarter Oktopus. Spetsofái, die

Eier auf Gemüse, werden auch auf besondere Art zubereitet, im Tontopf mit Tomaten, Paprika, Bauernwürstchen, Wein und Käsestücken. Dazu wird der Retsina aus dem nahen Nea Anchialos getrunken, das zwischen dem 10. und 20. August sein Weinfest feiert. In Agria werden schon zwischen dem 1. und 10. Juli Fischerabende veranstaltet. Ihre idyllischste Seite zeigen die Pilion-Berge bei einem Spaziergang entlang ihrer mit gut 200 Arten von Wildblumen und Heilkräutern bewachsenen Hänge. Kräuter vom Pilion-Gebirge sind geschätzte Mitbringsel.

Die Orte im Gebiet der Epirus-Berge am Ionischen Meer waren früher schwer zugänglich und entwickelten so eine gewisse kulturelle Eigenständigkeit. Mit den Produkten der Region, vor allem Getreide, Fleisch und Gemüse, besaßen sie darüber hinaus alle Voraussetzungen für eine unabhängige, phantasievolle Küche. Auch während der türkischen Herrschaft gelang es dem Hochland und Städten wie Ioannina, sich eine gewisse Autonomie zu bewahren. Sie wurden reich durch den Wollhandel und entwickelten sich zu Zentren eines regen Kultur- und Geisteslebens. Auf der Insel im See von Ioannina servieren die Wirte mit besonderem Stolz eine Delikatesse, Süßwasserkrebse, gegart mit Öl, Zitrone und Oregano oder in der Pfanne gebraten und mit Skordalia, Knoblauchpaste, angerichtet. Aber auch Forellen aus dem klaren Wasser der Bergbäche, Wildschweine, Hasen und Kaninchen werden hier besonders gut zubereitet. Die Bergdörfer im epirotischen Baustil sind ein Erlebnis für sich. Die gastfreundlichen Bewohner sind nicht nur für ihre Handwerkskunst berühmt, sondern auch für ihre Pasteten. Pitta mit Fleisch, mit Käse, mit Spinat und mit Wildgemüse gefüllt und gebacken im Tapsi, dem runden Blech mit hohem Rand, das ist eine jederzeit verfügbare Mahlzeit, die nie langweilig wird. Denn bis zu dreißig Sorten sind im Epirus bekannt. Ausflügler nehmen gerne den regionalen würzigen Hartkäse mit, den Metsovone kapnisto, den Formano, aber auch den süßlichen Manouri oder den frischen Mizithra. Hausgemachte Früchte in Sirup sind ebenso begehrt, etwa Vissinó glykó, die Kirschen in Sirup.

Metsovo, Zitza und Katoi sind begehrte Weine dieser Gegend, die außerhalb ihres Anbaugebietes nur schwer zu finden sind, denn der Trauben- und Weinertrag bei Metsovo ist durch Klima und Lage begrenzt. So genießen die Einheimischen ihren Wein lieber selber. Sie teilen ihn aber gerne mit Gästen, vor allem wenn es einen besonderen Anlaß gibt, wie das Ipirotiki-Fest in Ioannina mit Theater- und Tanzaufführungen Ende August bis Ende September.

Seit 1925 kann man die Meteora-Klöster über in Fels gehauene Stufen erreichen. Vorher gab es nur Strickleitern.

In unwegsamen Gebirgsgegenden ist für viele Bauern der Esel nach wie vor das wichtigste Transportmittel.

Malerisch liegt dieses Haus bei Agios Gordios im Westen Korfus in die Landschaft gebettet.

Die Ionischen Inseln

Inselwein und Knoblauchpaste

Diese griechischen Inseln haben ein unleugbar italienisches Flair, mit ihren Renaissance-Fassaden und zierlichen Campanile, den Glockentürmen. Kein Wunder, denn die Eptanissia, die sieben Inseln (ganz kleine nicht mitgezählt), standen 400 Jahre unter venezianischem Einfluß. Sie teilen nicht die Kargheit ihrer meisten Schwestern in der Ägäis und im Mittelmeer, sondern liegen als grüne Flecken mit üppiger, fast tropischer Vegetation weit verstreut im Blau des Ionischen Meeres. Korfu oder Kérkira, die nördlichste Insel, liegt nahe an Albanien, Kithira, die südlichste, an der Südspitze des Peloponnes.
Die Ionischen Inseln, mit Ausnahme von Lefkas, standen nie unter türkischer Herrschaft. Nach dem Abzug der Venezianer im Jahre 1797 lösten sich Italien, England, kurz Frankreich und Rußland als Protektoren ab. Erst nach dem Freiheitskampf 1864 konnten sie sich ihrem Mutterland anschließen.

Üppig ist das Angebot an Obst und Gemüse wie dieser Laden in der Altstadt von Korfu-Stadt zeigt.

Auf Korfu wird am 21. Mai der Jahrestag der Zusammenführung mit Militärparaden gefeiert. Auf dieser Insel lebt fast die Hälfte der Bewohner des gesamten Archipels. Die klassizistischen Bauten und Arkaden, die Esplanade und die eleganten Straßencafés verleihen der Stadt Korfu mondänen Reiz, gepaart mit griechischem Lebensstil.
Die Gerichte jedoch, vor allem in den Dörfern im gebirgigen Inselinnern, blieben unverkennbar griechisch – von kleinen Mesalliancen abgesehen.
Den Griechen verdankt fast der gesamte Mittelmeerraum die Olivenbäume. Auf Korfu aber wurden sie erst von den Venezianern gepflanzt, und ihre Haine wirken heute wie Wälder. In dem milden Klima der Insel reifen besonders fleischige Oliven, aber auch köstliches Gemüse und Früchte. Die Korfioten lieben es, sie mit Fisch und Fleisch zu kombinieren. Ein Stifádo, ein Schmortopf mit Quitten oder eine Fischsuppe mit Gemüse sind typische Beispiele. In ganz Griechenland liebt man Nudeln, auf den Ionischen Inseln jedoch ganz besonders. In einem Topf mit Zwiebeln und Tomaten, mit Fleisch oder mit Muscheln gegart, wie in Italien, werden sie am liebsten gegessen. Das Angebot an Süßigkeiten dagegen bewegt sich zwischen Orient und Okzident: Aus den Konditoreien kommt Mandolata, weißes Konfekt mit Mandeln, aus den Dorfbacköfen verführerisch duftend Galaktobóuriko, Pastete mit süßer Grießcreme und Butter. Ein beliebtes Mitbringsel der Gegend ist der Kumquat-Likör.
Die Lebenslust der Inselbewohner zeigt sich in der Freude am Genuß, in farben-

frohen Trachten und an ihren Festen. Ob es sich um einen Umzug zu Ehren des Heiligen Spiridon handelt, dessen Bildnis in der Osterwoche sowie am 1. und am 11. August in einer Prozession durch die Stadt Korfu getragen wird, oder um den Karneval im Fischerdorf Lefkimmi, alle beteiligen sich mit der gleichen Begeisterung.

Die Bewohner und die Küche der einzelnen Inseln besitzen viele Gemeinsamkeiten. Aber beim Wein, da herrscht Konkurrenz. Da ist jedes Eiland stolz auf sein eigenes Produkt, obwohl meist aus den gleichen einheimischen Rebsorten gekeltert wird. Für ausgedehnte Weingärten bleibt auf den gebirgigen Inseln kaum Platz, so daß auf Terrassen angebaut wird. Von der Insel Lefkas kommt Santa Mavra, die heilige Schwarze, wie die Winzer ihren Wein aus der dunklen Vertzami-Rebe nennen. Überhaupt liebt man es auf dieser Insel kräftig, was schon der Duft der Knoblauchpaste Skordalia aus Kartoffeln und Mandeln beweist, die hier gerne zu gegrilltem Fisch gegessen wird.

Kefalonia liefert den trockenen Robola, den Kenner als besten Weißwein Griechenlands bezeichnen. Volles Aroma zeichnet auch den Muskat aus und fruchtige Süße den Mavrodaphne von Kefalonia. Beliebte kulinarische Mitbringsel von dieser Insel sind Thymianhonig aus den Bergen und Kidonopasto, Quittengelee. Kulturelle Höhepunkte, die Sie nicht versäumen sollten, sind das Theaterfestival in Argostoli in der zweiten Julihälfte, das Marienfest am 15. August in Assos und Lixuri und am 16. August eine Reliquienprozession im Kloster Agios Gerassimos. Anfang September werden Volkstanzfestivals in den Orten Argostoli und Lixuri gefeiert. Auf Ithaka, der Heimat des Odysseus, keltern noch viele Familien ihren eigenen Wein. Von der Insel Zakynthos dagegen kommt eine bekannte Sorte, der Verdea, ein Weißwein von feinem Geschmack und schöner Farbe. Die »Fior di Levante«, »Blume der Levante«, wie diese Insel auch genannt wird, verdient ihren Namen zu Recht. Denn blumig duftet auch Fraoula, der Erdbeerlikör, der dort hergestellt wird.

Ein griechisch-orthodoxer Priester vor der Kirche von Lefkimi im Süden Korfus.

Die Korenhalle des Heiligtums Erechtheion: 6 Mädchen tragen anstelle von Säulen das Dach, ein Prinzip, das die Griechen aus Kleinasien übernahmen.

Dieses Felstor auf Skiathos ist nur mit dem Boot vom Strand Lalaria aus zu erreichen.

Zentralgriechenland, Athen, Attika, Euböa und die Sporaden

Tempel, Töpfe und Tavernen

Theben und seine Helden, die Dank der Dichter Sophokles, Aischylos und Euripides auf unseren Theaterbühnen weiterleben, das Heiligtum Appollons in Delphi und die Thermopylen, Schauplatz der großen Schlacht gegen die Perser – Zentralgriechenland ist mit Orten der Geschichte reich gespickt. Es ist ein Gebiet voll landschaftlicher Kontraste mit Bergen, Wäldern, Almen und sanft oder schroff ins Meer abfallenden Küsten. In den Dörfern und Städten pflegt man liebevoll die alten Sitten. Vor allem das Osterfest wird mit Hingabe gefeiert. In Orchomenos, einer der ältesten Städte des Landes, genießt man ausgezeichnete Forellen und Melonen. Aus den Werkstätten von Karpenissi klingt melodisches Probegeläut der Tierglocken, die hier hergestellt werden. Spezialitäten der Gegend sind Ziegenkäse und -butter.

Athen, eine Metropole mit vielen Facetten, beansprucht all unsere Sinne: die Augen für seine Märkte, die Nase, um im sich ausbreitenden Fastfood-Angebot die Küchen zu finden, die nach guter Tradition kochen, und den Gaumen zum Genießen. Ganze Lämmer baumeln an den Ständen der großen Markthalle in der Athina. Rinderhälften, Hühner, Hasen, mächtige Leberlappen – welch ein Kontrast zum Schnitzel in der Klarsichthülle. Die Beile der Fleischer fallen auf Holzklötze, da wird nach Wunsch zerhackt und abgepackt. Am Rand des Trubels brodelt in großen Töpfen Patsa, eine Suppe für robuste Mägen, gekocht aus Kutteln, Lammkopf und -füßen. Die Fischhalle täuscht einen Meeresreichtum vor, den es rund um Griechenland

leider kaum noch gibt. Weil die Athener ohne Fisch aber nicht auskommen, liegt auch viel Tiefgekühltes, Seezungen, Schwertfisch, Langusten von entfernten Fanggründen auf den Theken.
Lädchen und Stände mit Gemüse, Käse, Stockfisch, Kräutern, Sirupfrüchten, gerösteten Nüssen und Kichererbsen teilen sich die umliegenden Gassen. Man geht vorbei an Körben mit Koulóuria, Sesamkringeln, und mobilen Grillständen, wo Suwláki, Fleischspieße, vorbereitet werden. Am Abend belebt sich das Altstadtviertel unterhalb der Akropolis, wo Athen fast dörflich wirkt. An wackeligen Tischchen kleiner Restaurants, deren Adressen ein Athener nur besten Freunden verrät, werden Garnelen mit Feta-Käse, gefüllte Weinblätter und Tintenfisch aufgetragen. Trinkt man dazu keinen Oúzo, dann einen roten oder weißen Retsina.
Der Wein mit strengem Harzgeschmack wird seit der Antike ausschließlich in Griechenland produziert. Harzkörner der attischen Pinie setzt man dem Most vor oder während der Gärung zu, früher zum Haltbarmachen des Weines, heute, weil man den Geschmack schätzt.
Eine gute Gelegenheit, ein Gläschen zu probieren, ist das Dreikönigsfest Theophaneia in Piräus am 6. Januar. Da wirft der Erzbischof ein Kreuz ins Meer, um das Wasser zu weihen. Die Karwoche und Ostern in den Kirchen Athens mit festlicher Liturgie zu erleben, ist besonders beeindruckend. Nach der Lichterprozession wird um Mitternacht traditionell die Maghiritsa, eine Suppe aus Lamminnereien, serviert, und man schlägt die roten Eier vom Osterbrot Tsourékia gegeneinander. Vom 29. Juni bis zum 30. September veranstaltet das 13 km entfernte Daphni ein Weinfestival mit Kostproben aller Weinsorten Griechenlands.

Euböa, nahe an Zentralgriechenland gelegen, dient vor allem stadtmüden Athenern als Erholungsinsel. Auch kulinarisch profitieren die Athener von ihrer Nähe. Wein, Oliven, Feigen, Getreide und Nüsse, Honig und Fleisch – Euböa produziert so viel, daß Athen direkt beliefert wird, vor allem mit Walnüssen für Karidópitta, Nußkuchen.

Die Sporaden, übersetzt die Verstreuten, liegen etwas weiter im Nordosten. In einem Halbbogen reihen sich die Inseln Skiathos, Skopelos, Alonissos und weiter südlich Skiros aneinander. Im Sommer sind ihre Badebuchten bevölkert, aber ihre traditionsreichen Dörfer bieten immer noch überraschende Entdeckungen, und von einigen Inseln sind die landwirtschaftlichen Produkte sehr begehrt. Skopelos besitzt ausgedehnte Pflaumenplantagen und Mandelhaine, Skiros bietet saftige Feigen und Zitrusfrüchte. Und mit den Inselkräutern Thymian, Salbei und Oregano gewürzt, schmeckt Fisch überall in den Tavernen am Meer einfach köstlich.

Nüsse, getrocknete Früchte, Gewürze und Süßigkeiten – das Angebot in den Läden Athens ist unwiderstehlich.

2 Wachen exerzieren vor dem Denkmal des unbekannten Soldaten in Athen.

Sesam mit Honig ist eine köstliche Süßigkeit, die fast an jeder Straßenecke angeboten wird.

Peloponnes und die Inseln im Saronischen Golf

Oliven, Feste, schwarze Feigen

Genaugenommen ist der Peloponnes eine Insel, denn die schmale Verbindung zum griechischen Festland trennt der Kanal von Korinth. Und wie eine Insel führt das großflächige, wie eine Tierhaut gezackte Land zwischen Ionischem Meer und Mittelmeer ein Eigendasein. Seit der frühen Steinzeit besiedelt, werden mit dem Peloponnes Namen in Verbindung gebracht, die Geschichte machten: Mykene und die Königsfamilie mit Agamemnon, Klytemnestra, Elektra und Iphigenie; Sparta, die Militärmacht, die schöne Helena, deren Raub den Trojanischen Krieg entfachte, und nicht zuletzt auch Olympia und seine Spiele.

Die Einteilung der Halbinsel in sieben Verwaltungsbezirke wurde seit der Antike im wesentlichen beibehalten. Jeder Bezirk besitzt sein besonderes Gepräge. Korinthia mit Zitrusplantagen und Weinfeldern liegt im Nordosten; Argolis mit Olivenhainen, Sonnenblumen-, Artischocken- und Getreidefeldern, Aprikosen und Wein im Osten; Achaia mit Patras, dem wichtigsten Handelshafen der Halbinsel, und berühmten Weinorten im Norden; Elis, mit Olympia im gebirgigen Teil und Mais- und Kornfeldern im fruchtbaren Flachland im Nordwesten; Messenien, das die fleischigen Kalamata-Oliven und schwarze Feigen bietet, im Südwesten; Lakonien im Südosten, mit den wogenden Weizenfeldern der Halbinsel Mani, und schließlich Arkadien im Herzen des Peloponnes, lieblich, voller landschaftlicher Idylle, hübschen Marktflecken und fruchtbaren Oasen.

Nachlässigkeit hat auch ihre Vorteile. Jedenfalls sind ihr die Korinthen zu verdanken, die getrockneten, kleinen, schwarzen Weinbeeren, die man, so heißt es, in Korinth zu pflücken vergaß. Im 17. Jahrhundert einrückende Venezianer probierten die verschrumpelten Früchte und genossen ihre leicht pfeffrige Süße. Die Korinther reagierten sofort und erschlossen sich durch den Export neue Geldquellen. Im Herbst liegen überall Teppiche von Weinbeeren zum Trocknen aus. Bewässerungsanlagen fördern daneben Gemüse- und Obstanbau.

Gemächlich vollzieht sich das Leben in den Dörfern. Unter den jahrhundertealten Platanen läßt es sich auch im Hochsommer gut sitzen, Kaffee genießen und plaudern. Der Stopp eines Touristenbusses ändert daran wenig und bringt höchstens den Tavernenwirt und die Andenkenverkäufer auf Trab. Niedrige Mäuerchen, leuchtend rote Mohnfelder, Ziegenherden, Schafe und die Steinhütten der Schäfer – bei der Fahrt durch Berge und Ebenen öffnen sich ständig neue, reizvolle Szenerien. Bei den Fischerhäfen trocknen Oktopusse über Leinen hängend in sengender Sonne. Unter Weinlaubdächern genießt man gegrillten Fisch, Salat aus wilden Kräutern mit Schafkäse, Oliven und einen Wein aus den nahen Anbaugebieten.

Peloponnesische Weine nehmen eine Vorrangstellung in der griechischen Weinwirtschaft ein, was sowohl die Anbaufläche als auch Qualität und Vielfalt betrifft. Abgesehen von zwei hochgelegenen Gebieten verlaufen die Weinfelder entlang der hügeligen Küsten des Golfs von Korinth und des Ionischen Meeres. Im Weinanbaugebiet Nemea

wird eine der edelsten roten Rebsorten, Agiorgitiko, in einer Höhe von 200 bis 800 m angebaut. Das 650 m hohe Anbaugebiet von Mantinia in Arkadien pflegt den edlen Moschofilero und erzeugt einen weißen, trockenen, leicht blumigen Wein. Bei Patras werden berühmte Likörweine wie der Mavrodaphne und der Muskatwein produziert, die nach der satten Süße des Sommers schmecken. Angenehme Frische zeichnet dagegen die Weiß- und Roséweine mit der Herkunftsbezeichnung Patras aus. Die Kellereien von Achaia Clauss, dem alteingesessenen Weinhersteller von Peloponnes-Weinen, gehören zu den berühmtesten Griechenlands.
Der Peloponnes ist eine Welt für sich, mit gastfreundlichen Bewohnern, die Fremde an ihren Festen teilnehmen lassen. So beim Karneval im Februar und am Osterfest, wenn in Leonidio am Meer die Judaspuppe beim Knallen des Feuerwerks verbrannt wird, Lamm am Spieß brutzelt und süße Mehlspeisen wie Galaktoboúriko, die köstliche Milchpastete, verteilt werden.

Zwischen Attika und dem Peloponnes liegt im Saronischen Golf eine Handvoll kleiner Inseln. Salamis, Ägina, Methana und Poros und vor der Küste von Argolis schließen sich noch Hydra und Spetses an. Viele Athener nutzen diese zum Teil sehr reizvollen Inseln als Ausflugsziel. Rosafarben blühende Pistazienbäume überziehen Teile Äginas und liefern ein beliebtes Mitbringsel. Fischer- und Schwammtaucherboote in den Häfen verleihen der Insel eine malerische Note. Salamis, ein Katzensprung von Piräus entfernt, lockt mit schönen Sandstränden, Methana ist für ihre Heilquellen bekannt. Alte Bürgerhäuser und Windmühlen schmücken Hydra, die Seefahrerinsel, die für ihre Mandeln berühmt ist. Und das kleine Spetses, am südlichen Ende des Golfs gelegen, bereitet Fisch im Ofen so köstlich, daß sich ein Besuch schon deshalb lohnt.

Die alte Kult- und Sportstätte Olympia ist die Wiege der Olympischen Spiele.

Eine alte Frau auf Ägina genießt vor ihrer Tür die abendliche Ruhe.

Weithin sichtbar liegt die Kreuzkapellkirche mit ihren roten Kuppeln in der Landschaft von Mykonos.

Die Kykladen und die Insel Kreta

Kräuterduft und Honig

Die Dörfer der Kykladen liegen, blendend weiß, die Kanten und Konturen durch das jährliche Kalken sanft gerundet, streng und anmutig zugleich, auf braunem Fels, umschmeichelt vom samtigen Grün der Olivenbäume. Im heißen, trockenen Sommer bringt der Meltemi, der Nord-Ost-Wind, angenehme Kühlung.
Die Inseln Amorgos, Anafi, Andros, Delos, Folegandros, Ios, Kea, Kimolos, Kithnos, Milos, Mykonos, Naxos, Paros, Santorin, Serifos, Sifons, Tinos, um hier nur die wichtigsten zu nennen, stellten sich die alten Griechen wie einen Kreis vor (daher kommt ihr Name), der Delos mit dem bedeutendsten Heiligtum der Antike umschließt. Eigentlich sind die Kykladen die Gipfel eines Gebirges, das einst im Meer versank. Manche vermuten sogar, daß sich hier das sagenhafte Atlantis befand. Sicher weiß man jedoch, daß mit dem verheerenden Vulkanausbruch von Santorin um 1700 v. Chr. die minoische Hochkultur auf der Insel Kreta zu Ende gegangen ist.

Inselspringer, die Sehnsucht nach Freiheit und Schönheit im Rucksack, entdeckten in den 70er Jahren den Archipel. Sie brachten den Tourismus auf die Inseln und stoppten damit die Abwanderung ihrer Bewohner. Die Kykladen sind immer arm gewesen, durch die Gäste aber entstanden neue Erwerbsquellen. Die Küche der Inseln ist einfach und kommt mit wenigen Grundzutaten aus. Traditionelle Gerichte findet man vor allem in den abgelegenen Dörfern.
Auch auf Kreta, da, wo die Gastfreundschaft noch nicht überstrapaziert wurde. Häufig kommen auf den Inseln Hackfleischgerichte auf den Tisch, wie Musaka, der Auflauf mit Auberginen, Pastitsio, der Nudelauflauf, oder Kokythakia avgolemono, gefüllte Zucchini in Eier-Zitronen-Sauce.

Vieles haben die Kykladen gemeinsam: um kleine Häfen gewürfelte Häuser, die im Hintergrund die Berghänge nach oben klettern; schmale Gassen mit unzähligen Treppchen, kleine Kuppel- und Zwillingskirchen; Wallfahrtsorte und mythenreiche antike Stätten, Windmühlen und venezianische Kastelle. Paros bietet außerdem einen vollmundigen Rotwein, den Kavarnis, zum Stifado, dem Schmortopf mit Zwiebeln. Naxos, reich an Quellen, stellt aromatischen Bananen- und Zitronlikör aus Essenzen der Zitronatzitrone und Eukalyptus her. In Mulden gekauert wachsen auf Santorin die Reben für den weißen, trockenen Inselwein, der zu einem wichtigen Exportartikel wurde. Kea besitzt besten Thymianhonig, Siphnos Feigen, Granatäpfel und einen handgeformten Inselkäse aus kleinen Famlienbetrieben – diese Köstlichkeit kann man jedoch nur vor Ort probieren.

Ostern, Mariä Himmelfahrt am 15. August sowie ihre Patronats- und Kirchweihfeste feiern alle Inseln mit großem Gepräge in typischen Trachten. Nach Tinos, der heiligen Insel der griechischen Orthodoxie mit der wundertätigen Marien-Ikone, kommen am 25. März und 15. August Pilger aus aller Welt.

Das ist griechische Lebensart (für Männer): genußvoll bei einem Glas Ouzo im Kafeneon sitzen und die Tagesereignisse besprechen.

Kreta, Griechenlands größte Insel, ist eine Welt für sich, geprägt von Meer und Felsen, nur 350 km von der afrikanischen Küste entfernt, nahe an Kleinasien gelegen und doch die Wiege Europas. Im Palast von Knossos bei Heraklion kann man die Pracht der Vergangenheit noch erahnen. Auf dieser Insel lebt und genießt man intensiver als anderswo. Nicht nur ihre schönen Strände sind Anziehungspunkte für die vielen Besucher. Naturliebhaber durchwandern gerne die nach wilden Kräutern duftenden Berge, die auch dem kretischen Schafkäse, dem frischen Mizithra und dem marmorweißen Anthotiros ihr zartes Aroma schenken. Das Olivenöl, über Inselbrot geträufelt, ist ein besonderer Genuß. 24 Millionen Olivenbäume gibt es auf Kreta, das bedeutet, daß auf jeden Kreter achtundvierzig Bäume kommen. Auf der Insel wird seit 4500 Jahren Wein angebaut. Museumsstück ist eine 3000 Jahre alte Weinpresse. Den Chima, den Hauswein, macht jeder selbst. Die wichtigsten Anbaugebiete jedoch liegen nahe Heraklion bei Archanes mit der heimischen roten Rebsorte Kotsifali und der roten Mandilari-Traube. Bei Peza verleiht die Vilana-Traube dem Weißwein fruchtig-frisches Bukett. Probieren muß man auch den Raki oder Tsikoudia, gebrannt aus Traubenresten, und den einheimischen Retsina. Einen Eindruck vom kulinarischen Reichtum Kretas gewinnt man am besten in der Marktstraße von Heraklion und in der Markthalle von Chania. Käse, getrocknete Kräuter, Honig und Olivenöl sind schöne Mitbringsel von der Insel.

In dieser Taverne bei Kritsa auf Kreta sitzt man gemütlich unter einem Dach aus Bougainvillea.

Die Windmühlen nahe dem Dorf Olimbos sind eine Hauptsehenswürdigkeit der Insel Karpathos.

Rhodos, Dodekanes und die Inseln der Nordost-Ägäis

Marmor, Mastix und Melonen

Dodekanes, das sind die »Zwölf Inseln« am Südostrand der Ägäis, darunter die bedeutendsten: Karpathos, Tilos, Simi, Nissiros, Kos, Kalimnos, Leros und Patmos. In einem Gefolge aus weiteren acht bewohnten und 180 winzigen unbewohnten Inseln liegen alle, außer Karpathos, entlang des kleinasiatischen Festlandes.

Rhodos ist die größte Insel des Dodekanes. Ganze Völkerscharen promenieren an Sommerabenden über das blank getretene Marmorpflaster der gleichnamigen Ordensritterstadt Rhodos, entlang prächtiger Paläste und Herbergen. Ein Stück weiter Szenenwechsel. Orientalisches Basargewimmel mit Souvenirbuden und Krimskramslädchen im Schatten der Süleiman-Moschee, noch etwas weiter ein klassizistischer Pavillon, die Fischhalle, aus der Besatzungszeit der Italiener Anfang dieses Jahrhunderts. Rhodos-Stadt gleicht einem Bilderbuch, in dem die eigene kosmopolitische Geschichte aufgeschlagen liegt. Fremdkörper sind hinter den Stadtmauern die Betonzeilen der Touristenhotels entlang der türkisblauen Küste. Die Gassen des Inseljuwels Lindos unterhalb einer Akropolis sind vom Frühjahr bis zum Herbst von Gästen besucht. Hamburger, Toast und Suwlaki bestimmen hier das kulinarische Angebot. Die Inselküche entdeckt man in einfachen, eher schäbigen kleinen Restaurants in der Nähe des Marktes, in rückliegenden Gassen und in entfernten Inselecken, die man per Linienbus gut erreicht. Trockene, frische Weißweine wie der Ilios und weiche Rotweine wie der Chevalier de Rhodes mit der Herkunftsbezeichnung »Rhodos« sind Weinfreunden ein Begriff. Den Muskat von Rhodos genießt man am besten gekühlt als Aperitif.

Schroff und urwüchsig erhebt sich dagegen Karpathos aus dem Ägäisblau. Hoch über dem Meer werden hier noch die Segel altertümlicher Getreidemühlen aufgespannt und samstags im Dorfbackofen Brot gebacken. Zum Johannisfest vom 27. bis 29. August holen die Frauen von Olimbos ihre bunten Trachten aus den Truhen und legen Schmuck und glitzernd besetzte Kopftücher an. Überhaupt versteht man auf den Inseln zu feiern. Patmos, mit Klöstern und Apfelsinenhainen, lädt zum Mariä-Himmelfahrts-Tag zu Tänzen und Diples, den süßen Liebesschleifen. Kalymnos ist die Insel der Schwammfischer, die im Frühjahr zu ihren Tauchplätzen vor den Küsten Nordafrikas aufbrechen. Ihre glückliche Heimkehr im Herbst wird von allen Inselbewohnern entsprechend groß gefeiert. Auf Tilos, wo Esel und Boot noch zu den gebräuchlichsten Verkehrsmitteln gehören, ehrt man mit einem Fest den Heiligen Pantaleimon am 28. Juli.

Ikaria, Samos, Chios, Lesbos und Limnos liegen weit verstreut in der Nordost-Ägäis. Die Inseln sind gebirgig, mit zerklüfteten Küsten und kleinen Häfen in tief eingeschnittenen Buchten. Sie profitieren vom Winterregen des Festlandes, um den die Kykladen diese Inseln beneiden. Der Seehandel mit dem Orient sorgte einst für Wohlstand. Aber die griechisch-türkischen Konflikte und die Verlagerung des Handels auf andere Routen zwang viele Bewohner abzuwandern oder sich auf Landwirtschaft umzustellen. Auf dem gastfreundlichen Limnos mit seiner alten Weinkultur muß man unbedingt den süßen Muskat von Limnos und den trockenen fruchtigen Muskat von Alexandrien probieren. Lesbos, die Heimat der Dichterin Sappho, kann sich eines hochkarätigen Oúzos rühmen, der im Städtchen Plomari destilliert wird. Im Dorf Petra wurde die erste von Frauen geleitete Agrar-Touristikgenossenschaft Griechenlands gegründet. Sie bietet Gästen in ihren Häusern Unterkunft und auch die Möglichkeit, traditionelle Gerichte auszuprobieren. Auf Chios verschwinden kleine Dörfer fast im Grün der Mastixsträucher. Ihr wohlschmeckendes Harz war in der Antike als eine Art Kaugummi beliebt, heute verwendet man es zum Würzen, z.B. des Osterbrotes, oder für pharmazeutische Zwecke. Viel Charme besitzt Samos. Die Reben für den berühmten süßen Muskat gedeihen auf schmalen Terrassen an Berghängen. Beliebte Mitbringsel von diesen Inseln sind vor allem der Wein, aber auch Honig und Oúzo.

Nach erfolgreichem Fang gibt es noch keinen Feierabend: Ein Fischer auf Lesbos flickt seine Netze.

Spontan tanzen ein paar Männer im Hafen von Rhodos.

VORSPEISEN UND SALATE

Wenn sich an warmen Sommerabenden Freunde in einer Taverne zu Wein oder einem Glas Oúzo treffen, bleibt der Tisch nicht lange leer. Denn getrunken wird in Griechenland nie, ohne daß es wenigstens eine Kleinigkeit zu essen gibt, und wenn es auch nur ein Schälchen Nüsse oder – im Zuge der Moderne – Kartoffelchips sind. Meist wird jedoch eine Serie kleiner Gerichte aufgetragen, die die Gäste sich schon vorher an der Kühltheke oder mit einem Blick in die Töpfe auf dem Herd ausgesucht haben. So kommen kalte und warme Vorspeisen, Mezés oder Orektiká genannt, dazu Salat und kleine Pastetchen, auf den Tisch, gerade so, wie sie fertigwerden, oder auch alle zugleich. Die berühmten gefüllten Weinblätter gehören ebenso dazu wie Tzatziki oder Taramosalata, die Fischrogenpaste. Je nach Jahreszeit kann man sich auch auf Spezialitäten freuen wie Salat aus Wildgemüse oder Oktopus-Ragout. Was eine Vorspeise, was ein Hauptgericht ist, wird nicht so genau genommen. Da sind Wirt und Gäste flexibel. Der Tisch biegt sich fast unter den vielen kleinen ovalen Platten oder Tellern, aus denen es köstlich duftet. Für Eßteller bleibt da kein Platz mehr. Aber es macht Spaß, mal hier und mal da mit der Gabel hineinzupicken. Diese gesellige Art zu essen bieten vor allem die Ouzerias mit ihren kleinen Küchen. Hier ißt man oft unter Einheimischen, und dann werden manchmal Vorspeisen serviert, die es in den Touristenzentren nur selten gibt.

Gebackene Paprikaschoten

Aus Zentralgriechenland

Piperiés stó fóurno

Zutaten für 4 Portionen:
500 g lange, spitze, mittelgroße grüne oder rote Paprikaschoten
1 mittelgroße Zwiebel
2 Knoblauchzehen
300 g Tomaten
5 EL Olivenöl
2 EL Tomatenmark
½ Bund Dill
Salz
schwarzer Pfeffer, frisch gemahlen
150 g Graviéra-Käse (ersatzweise Greyerzer)
50 g Feta-Käse (Schafkäse)

Zubereitungszeit: 30 Min. (+ 20 Min. Backen)

Pro Portion: 990 kJ/240 kcal

1 Paprikaschoten waschen und abtrocknen. Zwiebel und Knoblauch schälen und klein würfeln. Tomaten mit heißem Wasser übergießen, häuten, Stielansätze entfernen und das Fruchtfleisch würfeln. Backofen auf 225° (Gas Stufe 4) vorheizen.

2 In einer Pfanne 3 EL Olivenöl erhitzen. Paprikaschoten im Ganzen bei mittlerer Hitze rundum anbraten, aber nicht braun werden lassen. Schoten aus der Pfanne nehmen und beiseite stellen.

3 Das restliche Olivenöl in die Pfanne geben. Zwiebel und Knoblauch glasig dünsten. Tomatenstücke mit dem Saft untermischen und kräftig mitschmoren. Tomatenmark in 300 ml Wasser verrühren und untermischen. Sauce zugedeckt bei mittlerer Hitze etwa 5 Min. kochen.

4 Dill abspülen, trockenschütteln, die Blättchen grob hacken und unter die Sauce rühren. Diese mit Salz und Pfeffer abschmecken und in eine große Auflaufform gießen. Paprika dazwischen legen, aber nicht mit Sauce bedecken. Alles im Ofen (Mitte) etwa 15 Min. backen.

5 Graviéra-Käse grob raspeln, Feta-Käse fein zerbröckeln, auf die Schoten streuen und weitere 5 Min. backen, heiß oder warm mit frischem Brot servieren.

Getränke: Retsina, aber auch ein leichter roter Landwein passen gut dazu.

Tip! Wer nur große Schoten bekommt, halbiert sie einfach.

Tzatzíki

Vom griechischen Festland

Joghurt mit Gurke

Zutaten für 4 Portionen:
600 g griechischer Schafmilch-Joghurt (6–8% Fett i.Tr., ersatzweise 5 Becher Bulgara-Joghurt à 175 g)
3 kleine Gärtnergurken oder 1 große, feste Salatgurke (etwa 400 g)
Salz
2–3 Knoblauchzehen
1 EL Weißweinessig
2 EL Olivenöl
2 Zweige frische Minze

Zubereitungszeit: 25 Min. (+ 10 Min. Kühlen)

Pro Portion: 830 kJ/200 kcal

1 Eine große Kaffeefiltertüte in ein Spitzsieb stecken oder ein Haarsieb mit einem Moltontuch auskleiden und den Joghurt hineingeben. Sieb über eine Schüssel hängen und den Joghurt etwa 20 Min. abtropfen lassen, bis er ziemlich fest ist.

2 Inzwischen Gurken waschen, Stiel- und Blütenansätze abschneiden. Die Gurken mit Schale grob raspeln, 1 TL Salz untermischen und etwa 10 Min. stehenlassen, damit sie Wasser ziehen. Gurken in ein Sieb geben und etwas ausdrücken. Knoblauch schälen.

3 Joghurt und Gurken in eine Schüssel geben. Den Knoblauch durch die Knoblauchpresse dazudrücken. Essig und Olivenöl hinzufügen und alles gründlich vermischen. Tzatziki mit Salz abschmecken und etwa 10 Min. kühlstellen. Mit Minzeblättchen garniert servieren.

Getränke: Ein leichter trockener Weißwein, ein Côtes de Meliton aus Nordgriechenland oder ein Retsina passen besonders gut.

Tip! Tzatzíki wird meist einfach nur mit Brot als Vorspeise serviert. Man kann die Joghurt-Gurken-Speise aber auch zu gegrillten Lammkoteletts, zu Brat- oder Grillfisch reichen.

Bohnen in Tomatensauce

Ganz Griechenland

Gígantes plakí

Zutaten für 4 Portionen:
250 g große getrocknete weiße Bohnen
1 Lorbeerblatt
1 mittelgroße Zwiebel
2 Knoblauchzehen
300 g Tomaten
4 EL Olivenöl
3 EL Tomatenmark
½ TL Zucker
½ TL scharfes Paprikapulver
Grün von 1 Fenchelknolle
Salz

Zubereitungszeit: 30 Min. (+ 12 Std. Einweichen + 1 Std. 45 Min. Garen)

Pro Portion: 1300 kJ/310 kcal

1 Bohnen mit kaltem Wasser abbrausen und mit reichlich Wasser bedeckt über Nacht einweichen. Am nächsten Tag Wasser abgießen, Bohnen mit kaltem Wasser bedecken, Lorbeerblatt hinzufügen und bei schwacher Hitze etwa 45 Min. kochen.
Zu Beginn Schaum abschöpfen, dann Deckel aufsetzen.

2 Inzwischen Zwiebel und Knoblauch schälen und fein würfeln. Tomaten mit heißem Wasser übergießen, häuten, und das Fruchtfleisch würfeln.

3 Olivenöl in einem Topf erhitzen. Zwiebel und Knoblauch glasig braten. Tomatenmark mit ½ l Wasser verrühren, Tomaten, Zucker und Paprikapulver dazugeben.

4 Die Sauce zugedeckt bei schwacher Hitze köcheln lassen. Nach den 45 Min. Garzeit die Bohnen mit dem Schaumlöffel aus dem Sud heben und unter die Tomatensauce rühren. Fenchelgrün abspülen, hacken und untermischen.

5 Die Bohnen noch etwa 1 Std. bei schwacher Hitze zugedeckt köcheln lassen, ab und zu umrühren. Nach Bedarf noch ⅛ l kochendes Wasser nachgießen. Wenn die Bohnen weich sind, Lorbeerblatt entfernen, mit Salz abschmecken und warm servieren.

Tip! Besonders herzhaft schmeckt das Gericht, wenn Sie etwa 20 Min. vor Ende der Garzeit in Stücke geschnittene kleine Bauernwürstchen oder Debrecziner untermischen.

Zucchini-Krapfen

Aus Zentralgriechenland

Kolokíthákia keftédes

Zutaten für 4 Portionen:
300 g feste Zucchini · Salz
1 mittelgroße weiße Zwiebel
4 Zwiebäcke
50 g Kefalotiri-Käse, gerieben (ersatzweise Emmentaler)
2 Eier
½ Bund glatte Petersilie
1 Zweig frische oder ½ TL getrocknete Minze
weißer Pfeffer, frisch gemahlen
Sonnenblumenöl zum Fritieren

Zubereitungszeit: 50 Min.

Pro Portion: 320 kJ/76 kcal

1 Zucchini waschen, Stiel- und Blütenansätze abschneiden. Zucchini fein raspeln, mit 1 TL Salz vermischt etwa 10 Min. Saft ziehen lassen, in einem Sieb abtropfen lassen. Inzwischen Zwiebel schälen, fein reiben und mit den Zucchini im Sieb ausdrücken, dann in eine Schüssel geben.

2 Vom Zwieback dunkle Krusten abreiben, nur die hellen Teile im Blitzhacker oder mit dem Kartoffelstampfer zu Paniermehl verarbeiten und mit dem Käse zu den Zucchini geben. Eigelb und Eiweiß trennen. Kräuter abspülen, fein hacken und mit dem Eigelb ebenfalls zu den Zucchini rühren.

3 Teig mit Salz und Pfeffer abschmecken. Eiweiß zu steifem Schnee schlagen und unter den Teig heben. Öl im Fritiertopf oder etwa 6 cm hoch in einer kleinen Pfanne erhitzen, bis an einem hineingehaltenen Holzstäbchen Bläschen hochsteigen. Vorsicht, Spritzgefahr!

4 Jeweils einen Teelöffel der Zucchinimasse abnehmen, mit einem zweiten Teelöffel in das heiße Öl schieben und zu goldbraunen Krapfen ausbacken. Diese auf Küchenpapier entfetten und sofort servieren.

Wildgemüsesalat

Von Kreta · Gelingt leicht

Agriochórtosaláta

Zutaten für 4 Portionen:
600 g selbst gesammelte Wildgemüse (z.B. zarte Blätter von Löwenzahn, Brennessel, Sauerampfer, Spitzwegerich, Brunnenkresse, Gänseblümchen und die jungen Blattstauden des Acker-Hederich, Wildform des Rettichs)
1 Sträußchen Grün von Fenchelknollen · Salz
3 EL Olivenöl, kaltgepreßt
2 EL Zitronensaft
1 unbehandelte Zitrone
außerdem: Etwas Feta-Käse (Schafkäse)

Zubereitungszeit: 40 Min.

Pro Portion: 1000 kJ/240 kcal

1 Gemüse verlesen, dabei welke Blättchen und harte Stiele abschneiden. Das Gemüse in einer großen Schüssel so oft wie notwendig waschen und auf einem Sieb abtropfen lassen.

2 In einem großen Topf reichlich Wasser mit Salz aufkochen. Eine zweite Schüssel mit kaltem Wasser und einigen Eiswürfeln bereitstellen.

3 Das Gemüse in 2 Portionen jeweils etwa 1 Min. blanchieren (sprudelnd kochen). Mit der Schaumkelle herausnehmen, sofort kurz in das eiskalte Wasser tauchen und im Sieb abtropfen lassen.

4 Das lauwarme Gericht auf eine Platte legen, leicht mit Salz bestreuen, mit Olivenöl und Zitronensaft beträufeln. Zitrone waschen, in Achtel schneiden und zum Nachwürzen dazu legen. Das Gemüse sofort mit Feta-Käse und Weizenbrot servieren.

Getränk: Ein trockener Weißwein aus Peza auf Kreta paßt sehr gut dazu.

Tip! Wenn Sie nur einen Teil dieser Wildgemüse finden, runden Sie den Salat einfach mit dem ab, was es auf dem Markt gibt: z.B. mit großem Löwenzahn, Mangold- und Radieschenblättern, Fenchelgrün und Rucola. Diese müssen nicht unbedingt blanchiert werden.

Wildgemüse

Fallen im Herbst nach einem sonnendurchglühten Sommer die ersten Regentropfen, bricht Grün üppig hervor, und unter den Olivenbäumen breiten sich Pflanzen- und Blumenteppiche aus. Dann beginnt die Saison für die begehrten Wildgemüse, Agriochórta oder kurz Chórta genannt. In ländlichen Gegenden und auf den Inseln, vor allem auf Kreta, werden sie bis zum Frühlingsende seit jeher gesammelt. Für Touristen, die nur gezüchtetes Gemüse kennen, bieten die Chórta ein neues Natur- und Geschmackserlebnis. Sie schmecken zartbitter, manche nach Rettich, manche kräuterwürzig. In Griechenland kennen und sammeln die Frauen vielerlei Sorten, die je nach Region andere Namen besitzen. Vieles, was auf griechischen Wiesen und in den Bergen gefunden wird, ist die Urform kultivierter Gemüse wie Rathíkia, hinter dem sich wilder Radicchio verbergen kann. Zwischen Herbst und Frühling werden die Chórta auch auf den Märkten angeboten. Dieses ursprüngliche Wildgemüse ist bei uns kaum zu finden, jedoch vergleichbares Gemüse, wie im Rezept aufgezählt.

In den regenreichen Monaten ist Chórta auch auf dem Markt zu finden.

Fischrogenpaste

Aus Nordgriechenland · Gelingt leicht

Taramósaláta

Zutaten für 4 Portionen:
2 große Brötchen vom Vortag (etwa 200 g)
100–125 g Tarama (gepreßte Fischrogenmasse)
50 ml Olivenöl
Saft von 1 Zitrone
1 Bund Petersilie
50 g schwarze Oliven

Zubereitungszeit: 30 Min. (+ 1 Std. Ruhen)

Pro Portion: 940 kJ/220 kcal

1 Von den Brötchen die Kruste dünn abreiben. Brötchen in lauwarmem Wasser einweichen, in einem Sieb gut ausdrücken, mit den Fingern auseinanderzupfen und mit der Gabel sehr fein zerdrücken. Tarama hinzufügen und mit einem Holzlöffel, besser mit der Hand, gründlich unterarbeiten, so daß sich Tarama und Brot gut verbinden.

2 Dann abwechselnd etwas Olivenöl und 3–4 EL Zitronensaft mit dem Holzlöffel unterarbeiten, so daß eine geschmeidige, homogene Paste entsteht. Zwischendurch abschmecken. Die Paste ist gut, wenn der Geschmack der Fischrogen deutlich schwächer geworden ist, er darf nicht dominieren.

3 Die Paste zugedeckt etwa 1 Std. in den Kühlschrank stellen. Vor dem Servieren Petersilie abspülen und trockenschütteln. Die Blättchen auf einem Teller auslegen. Die Paste noch einmal durchrühren und auf den Blättchen anrichten. Mit Oliven dekorieren und mit Weißbrot servieren.

Getränk: Ein gut gekühlter Retsina paßt am besten dazu.

Tip! Die Fischrogen, eine feste, rötliche Masse aus zerdrücktem, gesalzenem und zusammengepreßtem Meeräsche- oder Dorschkaviar, gibt es in griechischen Lebensmittelläden.

Ausgebackene Muscheln

Aus Nordgriechenland

Mídia tigánita

Zutaten für 4 Portionen:
1 Ei · 1 EL Olivenöl
weißer Pfeffer, frisch gemahlen
Salz · 100 g Mehl
1 ½ kg Miesmuscheln
1 Möhre · 1 mittelgroße Zwiebel
1 Stange Bleichsellerie
1 Lorbeerblatt
1 TL schwarze Pfefferkörner
2 Nelken · 1 Stück unbehandelte Zitronenschale (etwa 3 cm)
¼ l trockener Weißwein
Öl zum Ausbacken
je 1 Bund Rucola und Petersilie
2 unbehandelte Zitronen

Zubereitungszeit: 1 ¼ Std.

Pro Portion: 730 kJ/ 170 kcal

1 Für den Teig Ei mit ⅛ l Wasser, Öl, 1 Prise Pfeffer und Salz verquirlen. Mehl sieben und hineinrühren. Etwa 1 Std. zugedeckt ruhen lassen. Inzwischen Muscheln gründlich waschen und bereits geöfffnete Exemplare wegwerfen. Möhre und Zwiebel schälen, in Scheiben schneiden. Sellerie putzen, waschen und in Stücke schneiden.

2 Das Gemüse mit Lorbeerblatt, Pfefferkörnern, Nelken, Zitronenschale, 1 TL Salz, Wein und 1¾ l Wasser in einen Topf geben und aufkochen. Muscheln hineingeben und zugedeckt bei mittlerer Hitze etwa 10 Min. kochen. Dann etwa 30 Min. abkühlen lassen und Muscheln, die sich nicht geöffnet haben, wegwerfen. Sie sind nicht genießbar.

3 Muschelfleisch aus den Schalen lösen und abtropfen lassen. Öl im Fritiertopf oder etwa 6 cm hoch in einer kleinen Pfanne erhitzen, bis an einem hineingehaltenen Hölzchen Bläschen hochsteigen. Vorsicht, Spritzgefahr! Die Muscheln durch den Teig ziehen und im Öl goldgelb ausbacken. Dann auf Küchenpapier entfetten. Die Muscheln mit Petersilie und Rucola garnieren. Zitronen achteln und dazu anrichten.

Getränk: Ein weißer trockener Wein von Santorin paßt hervorragend dazu.

Rote-Bete-Salat

Aus Nordgriechenland · Gelingt leicht

Patsária saláta

Zutaten für 4 Portionen:
1 kg möglichst kleine rote Beten, mit Stielen und Blättern
4 EL Rotweinessig
Salz
2 Knoblauchzehen
1 Bund Petersilie
3 EL Olivenöl, kaltgepreßt
schwarzer Pfeffer, frisch gemahlen

Zubereitungszeit: 30 Min. (+ 1 ½ Std. Kochen + 1 Std. Ruhen)

Pro Portion: 730 kJ/170 kcal

1 Von den roten Beten Stiele und Blätter abschneiden. Knollen gründlich waschen. Stiele und Blätter putzen und abspülen. Knollen mit Wasser bedeckt zum Kochen bringen und bei schwacher Hitze in 1–1½ Std. garen, bis sie so weich sind, daß man mit einer Gabel leicht hineinstechen kann.

2 Rote Beten abgießen, mit kaltem Wasser abschrecken, häuten, halbieren und in nicht zu dünne Scheiben schneiden. Stiele und Blätter in etwa 3 cm große Stücke schneiden und mit Wasser bedeckt etwa 15 Min. separat kochen, bis sie weich sind, aber noch Biß haben. In den letzen 2 Min. Essig und Salz unterrühren.

3 Nach dem Garen die Rote-Bete-Stücke unter die Stiele und Blätter mischen, alles im Sud erkalten lassen. Zugedeckt etwa 1 Std. in den Kühlschrank stellen.

4 Inzwischen Knoblauch schälen und klein würfeln, Petersilie abspülen, trockenschütteln und die Blättchen fein hacken. Rote Bete mit der Schaumkelle aus dem Sud heben, in eine Schüssel mit Olivenöl geben, nach Geschmack noch mit etwas Essig begießen und mit Pfeffer, Knoblauch und Petersilie bestreuen. In der Schüssel oder auf Tellern angerichtet servieren.

Bauernsalat

Aus Zentralgriechenland · Erfrischend

Choriátiki saláta

Zutaten für 4 Portionen:
400 g mittelgroße Freilandtomaten
1 Salatgurke
250 g große rote Zwiebeln
300 g mittelgroße grüne Paprikaschoten
100 g schwarze Oliven, säuerlich eingelegt
4 EL Olivenöl, kaltgepreßt
3 EL Weinessig
Salz
schwarzer Pfeffer, frisch gemahlen
200 g Feta-Käse (Schafkäse)
½ TL getrockneter Oregano

Zubereitungszeit: 20 Min.

Pro Portion: 1500 kJ/360 kcal

1 Tomaten und Gurke gründlich waschen. Die Tomaten in Achtel schneiden, dabei die Stielansätze entfernen. Von der Gurke die beiden Enden knapp abschneiden. Das Übrige in dicke Scheiben schneiden, eventuell halbieren.

2 Zwiebeln schälen, in nicht zu dünne Stücke oder Scheiben schneiden. Paprikaschoten halbieren, putzen, Schoten abspülen und in Stücke oder Streifen schneiden.

3 Diese Zutaten abwechselnd in einer breiten Schüssel oder auf Tellern anrichten und Oliven dazwischen legen. Aus 3 EL Öl, Essig und Salz eine Marinade rühren, diese über den Salat träufeln und mit Pfeffer bestreuen.

4 Schafkäse als dicke Scheibe oder in grobe Brocken geteilt auf den Salat legen, mit etwas Oregano bestreuen, mit dem restlichen Olivenöl beträufeln und sofort servieren.

Info: In Griechenland ist es üblich, daß sich alle ungezwungen aus der Schüssel bedienen, die in der Tischmitte steht.

Tip! Der Salat kann durch Zutaten wie Anchovisfilets, Streifen von Römischem Salat, Kapern und Eischeiben ergänzt werden.

Spitzkohlsalat mit Möhren

Aus Nordgriechenland · Geht schnell

Láchanosaláta me karóta ke eliés

Zutaten für 4 Portionen:
½ kleiner Spitzkohl (etwa 400 g)
300 g mittelgroße Möhren
1 Bund Petersilie
4 EL Olivenöl, kaltgepreßt
Saft von 1 Zitrone
Salz
1 TL-Spitze Honig
schwarzer Pfeffer, frisch gemahlen
100 g schwarze Oliven, säuerlich eingelegt
2 hartgekochte Eier

Zubereitungszeit: 30 Min.

Pro Portion: 950 kJ/230 kcal

1 Die Spitzkohlhälfte abspülen, vierteln und auf dem Gurkenhobel in sehr feine Streifen schneiden. Dabei nur die zarten Blätter verwenden. Die Kohlstreifchen in eine Schüssel geben.

2 Möhren schälen und grob raspeln, auf den Spitzkohl häufen. Die Petersilie abspülen, trockenschütteln, die Blättchen grob hacken und über dem Salat verteilen.

3 Olivenöl, Zitronensaft, Salz, Honig und 1 Prise Pfeffer in einem Schüsselchen verrühren. Die Marinade über dem Salat verteilen.

4 Den Salat mit Oliven dekorativ belegen. Eier pellen, vierteln und ebenfalls auf dem Salat anrichten.

Tip! Wenn statt Spitzkohl nur der runde Weißkohl erhältlich ist, wird er saftiger, wenn man ihn in die Schüssel hobelt, 1 Prise Salz untermischt und mit dem hölzernen Kartoffelstampfer 5–10 Min. kräftig stampft. Sie können auch Rotkohl verwenden und wie im Rezept beschrieben mit Möhren und Oliven als knackigen Salat zubereiten.

Salat aus Augenbohnen

Vom Festland · Gut vorzubereiten

Saláta fassólia mavromática

Zutaten für 4 Portionen:
300 g getrocknete schwarze Augenbohnen
1 Lorbeerblatt
3 EL Olivenöl, kaltgepreßt
3–4 EL Weinessig
Salz · 1 Msp. Zucker
schwarzer Pfeffer, frisch gemahlen
1 Bund Frühlingszwiebeln (etwa 200 g)
300 g Tomaten
1 Bund Petersilie
3 Zweige frische Minze

Zubereitungszeit: 30 Min. (+ 12 Std. Einweichen + 45 Min. Garen + 1 Std. Kühlen)

Pro Portion: 1400 kJ/330 kcal

1 Die Augenbohnen in einem Sieb abspülen, in eine große Schüssel geben, mit reichlich Wasser bedeckt über Nacht einweichen.

2 Am nächsten Tag das Wasser abgießen und die Bohnen mit frischem Wasser und dem Lorbeerblatt in einem Topf aufkochen, Schaum abschöpfen und dann bei schwacher Hitze 35–45 Min. zugedeckt kochen, bis sie weich sind.

3 Bohnen in einem Sieb abtropfen und ausdampfen lassen, dann in eine Schüssel geben. Öl, Essig, Salz, Zucker und 1 gute Prise Pfeffer untermischen und etwa 1 Std. abkühlen lassen.

4 Inzwischen Zwiebeln von harten Röhren und Wurzeln befreien, waschen und in Ringe schneiden. Tomaten mit heißem Wasser übergießen, häuten, Stielansätze entfernen und das Fruchtfleisch sehr klein würfeln.

5 Kräuter abspülen, trockenschütteln und die Hälfte der Blättchen fein hakken. Zwiebeln, Tomaten und gehackte Kräuter unter die Bohnen mischen. Den Salat mit Salz und Pfeffer abschmecken, auf einer Platte anrichten und mit den restlichen Kräuterblättchen garniert servieren.

Tip! Sie können den Salat noch mit Paprikaringen und schwarzen Oliven belegen.

ΞΗΡΟΙ ΚΑΡΠΟΙ

Trockenes Brot mit Belag

Dáko

Von Kreta · Gelingt leicht

Zutaten für 4 Portionen:
1 Roggenbaguettebrot vom Vortag
300 g Tomaten
150 g rote Zwiebeln
8 EL Olivenöl, kaltgepreßt
Salz
schwarzer Pfeffer, frisch gemahlen
1 EL Zitronensaft
200 g Feta-Käse (Schafkäse)
1 knapper TL getrockneter Oregano

Zubereitungszeit: 35 Min.

Pro Portion: 2000 kJ/480 kcal

1 Baguettebrot teilen, quer halbieren und mit der Schnittfläche nach oben in den Backofen (Mitte) legen. Backofen auf 150° (Gas Stufe 1) einstellen und das Brot etwa 15 Min. trocknen, dann herausnehmen und abkühlen lassen. Brothälften einmal kurz in Wasser tauchen, ruhen und durchweichen lassen.

2 Tomaten waschen, halbieren, Stielansätze herausschneiden und das Fruchtfleisch klein würfeln. Zwiebeln schälen und in kleine Würfel schneiden. Brothälften nebeneinander auf eine Platte legen, mit 4 EL Olivenöl gleichmäßig beträufeln.

3 Tomaten und Zwiebeln auf die Brothälften häufen, mit Salz und Pfeffer würzen, mit Zitronensaft und 2 EL Olivenöl beträufeln. Käse grob zerbröckeln und darauf legen, mit 2 EL Öl beträufeln und mit Oregano bestreut servieren.

Getränk: Ein kräftiger Rotwein aus dem Anbaugebiet von Archanes auf Kreta paßt am besten dazu.

Info: In den Bäckereien Griechenlands gibt es im Backofen getrocknetes dunkles und helles Brot. Auf dem Dorf stellen es manche Frauen noch selbst im Steinofen her.

Tip! Bei Tisch bricht sich jeder mit den Gabelzinken einen Brocken vom belegten Brot ab.

Erbsenpaste

Fáva

Aus Nordgriechenland

Zutaten für 4 Portionen:
300 g getrocknete gelbe Schälerbsen
1 Lorbeerblatt
1 mittelgroße weiße Zwiebel
Salz
schwarzer Pfeffer, frisch gemahlen
4 EL Olivenöl, kaltgepreßt
Saft von ½ Zitrone
½ Bund Petersilie
1 Knoblauchzehe
1 kleine rote Paprikaschote
3 Frühlingszwiebeln (etwa 150 g)

Zubereitungszeit: 40 Min.
(+ 1 Std. Garen)

Pro Portion: 710 kJ/170 kcal

1 Schälerbsen in ein Sieb schütten, kalt abbrausen und mit dem Lorbeerblatt in einen Topf geben. So viel Wasser dazugießen, daß sie bedeckt sind.

2 Zwiebel schälen, würfeln und hinzufügen. Erbsen aufkochen und den Schaum abschöpfen. Dann die Erbsen bei schwacher Hitze etwa 1 Std. zugedeckt kochen, bis sie fast zerfallen.

3 Erbsen in ein Sieb geben und Lorbeerblatt entfernen. Mit dem Passierstab des Elektro-Handrührers pürieren oder mit dem Rücken eines Holzkochlöffels Erbsen durch das Sieb drücken und kräftig durchrühren.

4 Mit Salz, Pfeffer, 3 EL Olivenöl und mit 3 EL Zitronensaft verrühren und abschmecken. Dann Petersilie abspülen, trockenschütteln und die Blättchen hacken. Knoblauch schälen, durch die Knoblauchpresse drücken und mit der Petersilie untermischen.

5 Paprikaschote halbieren, putzen, abspülen und in dünne Streifen schneiden. Frühlingszwiebeln von harten Röhren und Wurzeln befreien, waschen und in Stücke schneiden. Die Erbsenpaste auf einen Teller geben und mit 1 EL Öl beträufeln. Mit dem Gemüse garniert servieren.

Käse aus der Pfanne

Vom Festland · Geht schnell

Saganáki

Zutaten für 4 Portionen:
400 g Kefalograviéra-Käse (fester Schafkäse)
1 Ei
2 EL Mehl
50 ml Olivenöl zum Ausbacken
1 unbehandelte Zitrone

Zubereitungszeit: 20 Min.

Pro Portion: 1300 kJ/310 kcal

1 Käse in 1 cm dicke Scheiben schneiden. Ei in einen tiefen Teller aufschlagen und mit der Gabel verquirlen. Das Mehl auf einen flachen Teller sieben. Backofen auf 100° (Gas Stufe 1) vorheizen und Dessertteller zum Vorwärmen in den Ofen (Mitte) stellen.

2 In einer mittelgroßen Pfanne Öl erhitzen. Die Käsescheiben zuerst in Ei, dann in Mehl wenden. Lose anhaftendes Mehl abschütteln.

3 Käsescheiben in das heiße Öl geben und von jeder Seite 1/2 Min. braten, bis sie sich leicht goldgelb zu färben beginnen. Den Käse kurz auf Küchenpapier entfetten.

4 Zitrone waschen, abtrocknen und in Spalten schneiden. Käse auf den vorgewärmten Tellern mit Zitronenspalten garniert sofort servieren. Nach Geschmack Zitronensaft über den Käse träufeln.

Getränke: Ein Retsina oder ein Ouzo mit Eiswasser passen gut dazu.

Info: Das Gericht ist nach der Pfanne benannt, in der es zubereitet wird.

Tip! Sie können auch einen anderen festen Schafkäse für das Gericht verwenden. Saganáki wird zur sättigenden Mahlzeit, wenn neben dem Käsestück Spiegeleier gebraten werden.

Gebackene Garnelen

Garídes giouvétsi

Aus Thessaloniki · Geht schnell

Zutaten für 4 Portionen:
- 1 Bund Frühlingszwiebeln (etwa 200 g)
- 1 Knoblauchzehe
- 300 g Tomaten
- 4 EL Olivenöl
- 4 EL trockener Weißwein
- Salz
- schwarzer Pfeffer, frisch gemahlen
- 400 g vorgegarte Garnelen, geschält
- 1 Bund Dill
- 100 g Feta-Käse (Schafkäse)

Zubereitungszeit: 30 Min. (+ 10 Min. Überbacken)

Pro Portion: 1200 kJ/290 kcal

1 Zwiebeln von harten Röhren und Wurzeln befreien, waschen und in Stückchen schneiden. Knoblauch schälen und fein würfeln. Tomaten mit heißem Wasser übergießen, häuten, Stielansätze entfernen und das Fruchtfleisch würfeln. Backofen auf 225° (Gas Stufe 4) vorheizen.

2 Olivenöl in einer Kasserolle erhitzen. Zwiebeln und Knoblauch darin glasig braten. Tomaten und Wein unterrühren und bei mittlerer Hitze etwa 5 Min. durchschmoren, nach Bedarf noch 4–5 EL Wasser dazugeben. Sauce mit Salz und Pfeffer abschmecken.

3 Garnelen in einem Sieb abbrausen und abtropfen lassen. Dill abspülen, trockenschütteln, die Blättchen grob hacken und mit den Garnelen unter die Sauce rühren.

4 Alles in eine ofenfeste Form füllen. Feta-Käse mit der Gabel zerbröckeln, über das Gericht streuen und dieses im Ofen (Mitte) etwa 10 Min. überbacken. Mit frischem Brot servieren.

Variante: Man kann die Garnelen, statt mit Tomaten, auch mit etwa 300 g Spinat zubereiten. Diesen etwa 15 Min. mit den anderen Saucenzutaten dünsten und mit den Garnelen und Feta-Käse im Ofen fertiggaren.

Fritierte Tintenfische

Von den Westgriechischen Inseln

Kalamarákia tiganitá

Zutaten für 4 Portionen:
600 g sehr kleine Tintenfische, küchenfertig vorbereitet
2 Eier
2 EL Mehl
Sonnenblumenöl zum Ausbacken
Salz
2 unbehandelte Zitronen

Zubereitungszeit: 45 Min.

Pro Portion: 670 kJ/160 kcal

1 Tintenfische kalt waschen, auch die kleinen Beutel von innen ausspülen. Die Fangarme von dem übrigen Teil trennen. Die Tintenfische mit Küchenpapier abtupfen.

2 In einem tiefen Teller Eier verquirlen. Mehl auf einen flachen Teller sieben. Öl im Fritiertopf oder etwa 6 cm hoch in einer kleinen Pfanne erhitzen, bis an einem hineingehaltenen Holzstäbchen Bläschen hochsteigen. Vorsicht Spritzgefahr!

3 Tintenfische leicht mit Salz bestreuen, in Mehl wenden, durch die Eier ziehen und im Öl schwimmend ausbacken, bis sie sich hellgelb färben.

4 Fritierte Tintenfische auf Küchenpapier entfetten. Zitronen waschen, in Viertel schneiden. Damit werden die Tintenfische bei Tisch beträufelt.

Getränk: Ein trockener weißer Kourtaki vom Peloponnes paßt ausgezeichnet dazu.

Tip! Wenn Sie zu den Tintenfischen Bauernsalat und Kartoffel-Knoblauch-Paste (siehe unten) servieren, ergibt das eine leichte sättigende Mahlzeit.

Kartoffel-Knoblauch-Paste

Von den Westgriechischen Inseln

Skordália me patátes

Zutaten für 4 Portionen:
400 g Kartoffeln, halbfestkochend
3 Knoblauchzehen
5 EL Olivenöl, kaltgepreßt
6–7 EL Hühnerbrühe (Instant)
Saft von 1 Zitrone
Salz
Herz von 1 Römischem Salat
50 g schwarze Oliven

Zubereitungszeit: 20 Min. (+ 35 Min. Garen)

Pro Portion: 890 kJ/210 kcal

1 Kartoffeln gründlich waschen, mit Wasser bedeckt in 30–35 Min. garen, abgießen, mit kaltem Wasser kurz abschrecken und noch heiß pellen. Dann durch die Kartoffelpresse oder durch ein Haarsieb in eine Schüssel drücken.

2 Knoblauch schälen und mit der Knoblauchpresse zu den Kartoffeln drücken. Olivenöl, Hühnerbrühe, Zitronensaft und etwas Salz unter die Paste rühren und diese abschmecken. Wer sie würziger mag, kann noch etwas mehr Olivenöl und Salz dazugeben und wieder gründlich unterrühren.

3 Die Salatblätter trennen, vorsichtig waschen, trockenschütteln und die Blätter auf einem runden Teller auslegen. Die Kartoffel-Knoblauch-Paste in die Mitte geben. Oliven kalt abbrausen, abtropfen lassen und die Paste damit garnieren.

Variante: Sie können noch 2 EL geschälte, geriebene Mandeln mit 2–3 EL zusätzlicher Brühe unter die Paste rühren, dann schmeckt sie noch feiner.

Tip! Die Paste kann als kleine Vorspeise gereicht werden oder als Beilage zu gegrilltem Fleisch, Fisch oder zu fritierten Kalamari.

Gefüllte Weinblätter

Aus Zentralgriechenland

Dolmadákia

Zutaten für 6 Portionen:
300 g eingelegte Weinblätter
200 g Langkornreis
200 g mittelgroße Zwiebeln
5 EL Olivenöl
4 EL Pinienkerne, geschält
4 EL Korinthen
Salz
1 Msp. Zucker
schwarzer Pfeffer, frisch gemahlen
1 Msp. Pimentpulver
½ Bund Petersilie
½ Bund Dill
2 Zweige frische oder
1 gehäufter TL getrocknete Minze
Saft von 1 Zitrone
1 unbehandelte Zitrone
außerdem: Frische Weinblätter
für die Dekoration

Zubereitungszeit: 1¼ Std.
(+ 1¼ Std. Garen
+ 1 Std. Ruhen)

Pro Portion: 1100 kJ/260 kcal

1 In einem großen Topf Wasser zum Kochen bringen. Die Weinblätter vorsichtig auseinandernehmen und 5–8 Min. vorgaren. Mit der Schaumkelle herausnehmen, abtropfen lassen und auf einem Tuch auslegen.

2 Reis in einem Sieb abbrausen, Wasser abschütteln. Zwiebeln schälen, in ein Schüsselchen reiben. 3 EL Olivenöl in einem Topf erhitzen. Pinienkerne und Korinthen kurz anbraten. Reis und Zwiebeln untermischen und bei mittlerer Hitze glasig werden lassen.

3 ⅜ l Wasser, Salz, Zucker, 1 Prise Pfeffer und Piment untermischen. Reis zugedeckt bei schwacher Hitze in etwa 15 Min. fast gar kochen. Gelegentlich umrühren.

4 Inzwischen Kräuter abspülen, trockenschütteln, Blättchen fein hacken und unter den fast garen Reis rühren. Weinblätter auf die Arbeitsfläche legen und Stiele abschneiden. Auf die breite Seite jedes Blattes 1 TL Reis geben.

5 Erst die breite Seite, dann die beiden Seiten rechts und links etwas über die Füllung klappen.

6 Das Ganze zur Spitze hin aufrollen. Röllchen, mit den Blattenden nach unten, dicht nebeneinander in einen Topf mit breitem Boden legen. Zitronensaft und 2 EL Öl darüber gießen.

7 Röllchen mit einem umgedrehten Teller beschweren. So viel heißes Wasser dazugießen, daß sie bedeckt sind. Bei schwacher Hitze etwa 1 Std. köcheln, dann im Topf etwa 1 Std. kalt werden lassen. Auf frischen Weinblättern anrichten und mit Zitronenscheiben garniert servieren.

Getränk: Ein fruchtiger Rosé-Wein der Insel Rhodos paßt besonders gut dazu.

Tip! Werden frische Weinblätter verwendet, müssen Sie diese zuvor etwa 5 Min. kochen. Sie lassen sich für später auch gut einfrieren.

SUPPEN

Suppen sind in Griechenland unverzichtbar – vor allem in der ländlichen Küche. Im Winter kommen sie besonders oft auf den Tisch, um den Magen am Mittag, am Abend und manchmal schon beim zweiten Frühstück zu wärmen. Besonders beliebt sind Hühnersuppe mit Zitrone, aber auch eine vegetarische Linsensuppe ißt man gerne vor dem Hauptgang oder als kleine Mahlzeit zwischendurch. Immer gehört Brot dazu, auf dem Land ist das im Ofen zweimal gebackene, trockene Brot besonders beliebt, das man in Tüten gepackt beim Bäcker kaufen kann. Berühmt ist die Majirítsa, die Ostersuppe aus den Füßen, dem Kopf und den Innereien eines Lämmchens. Sie wird in der Osternacht, nach dem Anzünden des Osterfeuers, serviert. Eine weitere traditionelle Suppe ist die Pátsas aus Lamm- und Schweinefüßen, Kutteln, anderen Innereien und Gemüse, gewürzt mit Knoblauchessig. In den kleinen Garküchen im Bereich der Fleischerhallen oder -stände im Markt brodelt sie den ganzen Tag in großen Töpfen. Berühmt ist auch die Fischsuppe, Kakaviá, die der Bouillabaisse aus Marseille in nichts nachsteht. Kein Wunder, denn diese Spezialität soll auf die griechischen Siedler zurückgehen, die einst Marseille gründeten und sie dorthin mitbrachten.

Linsensuppe

Aus Nordgriechenland · Gelingt leicht

Soúpa fakés

Zutaten für 4 Portionen:
250 g grüne Linsen
1 mittelgroße Zwiebel
2 Knoblauchzehen · 200 g Möhren
1 Stange Bleichsellerie
300 g Tomaten · 4 EL Olivenöl
1 EL Tomatenmark · 2 Lorbeerblätter
1 Zweig frischer Thymian · Salz
schwarzer Pfeffer, frisch gemahlen
1 Bund Petersilie · Rotweinessig
100 g grüne oder schwarze Oliven

Zubereitungszeit: 40 Min.
(+ 1 Std. Einweichen
+ 40 Min. Garen)

Pro Portion: 1700 kJ/400 kcal

1 Linsen in ein Sieb geben, kalt abspülen und mit Wasser bedeckt etwa 1 Std. einweichen. Inzwischen Zwiebel und Knoblauch schälen und klein würfeln. Möhren schälen, längs halbieren und in Scheibchen schneiden. Sellerie waschen, klein würfeln, das Grün hacken. Die Tomaten häuten, Stielansätze entfernen und Fruchtfleisch würfeln.

2 Linsen in ein Sieb gießen und abtropfen lassen. In einem Suppentopf Olivenöl erhitzen. Das Gemüse und Tomatenmark etwa 2 Min. unter Rühren bei mittlerer Hitze schmoren. 1½ l Wasser dazugießen. Linsen, Lorbeerblätter und Thymian unterrühren und die Suppe aufkochen.

3 Die Suppe 30–40 Min. zugedeckt bei schwacher Hitze kochen, bis die Linsen weich sind, dann mit Salz und Pfeffer abschmecken. Petersilie abspülen, trockenschütteln, die Blättchen hacken und in die Suppe rühren. Essig in einem kleinen Kännchen mitservieren, ebenso die Oliven. Bei Tisch nach Geschmack 1–2 TL Essig und 3–4 Oliven in die Suppe rühren.

Variante: Linsensuppe mit Spinat
Statt der Tomaten 500 g gewaschenen, geputzten und grobgehackten Spinat etwa 10 Min. vor Ende der Garzeit in der Suppe mitkochen.

Hühnersuppe mit Ei und Zitrone

Vom Festland · Gelingt leicht

Kotosóupa avgolémono

Zutaten für 4 Portionen:
1 Huhn, küchenfertig zubereitet
(etwa 1,2 kg)
Salz · 1 Lorbeerblatt
200 g Möhren · 1 Zwiebel
1 dünne Stange Lauch
1 Stange Bleichsellerie
60 g Langkornreis
schwarzer Pfeffer, frisch gemahlen
2 Eier
Saft von 1 Zitrone
½ Bund Petersilie

Zubereitungszeit: 30 Min.
(+ 1½ Std. Garen)

Pro Portion (mit Sauce):
2100 kJ/500 kcal

1 Huhn abspülen und in einen Suppentopf legen. Salz, Lorbeerblatt und 1½ l kaltes Wasser hinzufügen und zum Kochen bringen. Schaum abschöpfen, dann das Huhn zugedeckt bei schwacher Hitze etwa 1 Std. Garen.

2 Möhren und Zwiebeln schälen und würfeln. Vom Lauch grüne Blätter und Wurzelansatz abschneiden, die Stange längs halbieren, abspülen und in Streifchen schneiden. Ansatz der Selleriestange entfernen. Stange waschen und in Stückchen schneiden, Blätter grob hacken. Reis in einem Sieb abspülen.

3 Huhn zum Abkühlen aus der Brühe nehmen. Gemüse und Reis in der Brühe etwa 25 Min. garen. Fleisch vom Huhn ablösen, in mundgerechte Stücke schneiden, zum gegarten Gemüse geben. Nach Bedarf die Suppe mit etwas Wasser strecken, beiseite stellen.

4 Suppe mit Salz und Pfeffer abschmecken. Eier und Zitronensaft gründlich verquirlen, mit dem Schneebesen in die leicht abgekühlte Suppe rühren. Erneut erhitzen, doch nicht mehr aufkochen, sonst gerinnt sie. Petersilie abspülen, Blättchen hacken, auf die Suppe streuen und servieren.

Info: »Avgolémono« bezeichnet eine für die griechische Küche typische Zubereitungsart.

Kichererbsensuppe

Ganz Griechenland

Revíthia sóupa

Zutaten für 4 Portionen:
250 g Kichererbsen
1 große Zwiebel
1 mittelgroße Möhre
5 EL Olivenöl
Salz
schwarzer Pfeffer, frisch gemahlen
1 Bund Petersilie
Saft von 1 Zitrone

Zubereitungszeit: 30 Min.
(+ 12 Std. Einweichen
+ 1½ Std. Garen)

Pro Portion: 1400 kJ/330 kcal

1 Kichererbsen in einem Sieb abbrausen, in eine große Schüssel gießen und mit reichlich Wasser etwa 12 Std. einweichen.

2 Am nächsten Tag das Wasser abgießen, die Erbsen in einen Topf geben und 1½ l kaltes Wasser dazugießen.

3 Die Erbsen aufkochen. Schaum abschöpfen und die Erbsen dann bei schwacher Hitze zugedeckt etwa 1 Std. kochen.

4 Inzwischen Zwiebel und Möhre schälen und klein würfeln. Nach der 1 Std. Gemüse und Olivenöl in die Suppe rühren und alles etwa weitere 30 Min. garen, bis Gemüse und Erbsen weich sind.

5 Dann die Suppe mit Salz und Pfeffer würzen. Petersilie abspülen, trockenschütteln, die Blättchen hacken und in die Suppe rühren. Mit Zitronensaft servieren und damit bei Tisch die Suppe abschmecken.

Info: Viele griechische Hausfrauen machen die Suppe noch feiner, indem sie bei den gegarten Kichererbsen die Häutchen entfernen, was aber viel Zeit in Anspruch nimmt und die wertvollen Ballaststoffe wegnimmt.

Bauernsuppe

Aus Zentralgriechenland

Sóupa choriátiki

Zutaten für 4 Portionen:
180 g mittelgroße Zwiebeln
2 dünne Stangen Lauch
300 g Möhren
3 Stangen Bleichsellerie
150 g Speck, durchwachsen, ohne Schwarte
300 g kleine Zucchini
200 g Tomaten
200 g mittelgroße Kartoffeln, festkochend · 6 EL Olivenöl
Salz · 1 Bund Petersilie
schwarzer Pfeffer, frisch gemahlen
1 TL getrockneter Oregano

Zubereitungszeit: 1 Std.
(+ 30 Min. Garen)

Pro Portion:
2000 kJ/480 kcal

1 Zwiebeln schälen und klein würfeln. Lauch von den harten grünen Blättern und Wurzelansätzen befreien, längs halbieren, waschen und in Streifchen schneiden. Möhren schälen und klein würfeln. Bleichsellerie waschen und in Stückchen schneiden. Den Speck klein würfeln.

2 Zucchini waschen, schadhafte Stellen abschaben und Stiel- und Blütenansätze entfernen. Dann in etwa 1 cm dicke Scheiben schneiden. Tomaten mit heißem Wasser übergießen, häuten, Stielansatz entfernen und Fruchtfleisch klein würfeln. Kartoffeln schälen und klein würfeln.

3 In einem Suppentopf 3 EL Olivenöl erhitzen und den Speck bei mittlerer Hitze etwa 1 Min. anbraten. Zwiebeln, Lauch, Kartoffeln und Bleichsellerie untermischen und etwa 1 Min. anschmoren. $1^1/_4$ l heißes Wasser und etwas Salz unterrühren. Das Gemüse etwa 15 Min. bei schwacher Hitze zugedeckt garen.

4 Dann Zucchini und Tomaten untermischen sowie das restliche Olivenöl. Die Suppe weitere 15 Min. kochen. Petersilie abspülen, trockenschütteln und die Blättchen hacken. Die Suppe mit Salz und Pfeffer abschmecken. Petersilie und Oregano unterrühren und die Suppe servieren.

Tip! Mit einer Handvoll Kritharaki, reiskornförmige Nudeln, kann das Gericht angereichert werden.

Fischsuppe

Von Korfu · Braucht etwas Zeit

Kakaviá

Zutaten für 4 Portionen:
1½ kg Fisch, küchenfertig vorbereitet (z.B. Kabeljau, Merlan, Brasse, Makrele, Steinbutt, mindestens 2–3 Sorten)
Saft von 1½ Zitronen
200 g Zwiebeln · 1 Knoblauchzehe
300 g Kartoffeln, festkochend
200 g Möhren · 300 g Tomaten
1 Bund Petersilie
1 gleichgroßes Bund Blätter vom Bleichsellerie
1 Lorbeerblatt · 4 EL Olivenöl · Salz
schwarzer Pfeffer, frisch gemahlen

Zubereitungszeit: 30 Min. (+ 45 Min. Garen)

Pro Portion: 2000 kJ/480 kcal

1 Fisch abspülen, dann in große Scheiben oder Stücke schneiden, in eine Schüssel legen und mit 2–3 EL Zitronensaft beträufelt kühlstellen.

2 Inzwischen Zwiebeln, Knoblauch, Kartoffeln und Möhren schälen und in mittelgroße Stücke schneiden. Tomaten mit heißem Wasser übergießen, häuten, Stielansätze entfernen und Fruchtfleisch würfeln. Petersilie und Selleriblätter kleinhacken.

3 Gemüse, Petersilie, Sellerie und Lorbeerblatt in eine große Kasserolle schichten, mit Salz und Pfeffer bestreuen. Mit Öl und etwa 1 l Wasser übergießen und zugedeckt bei schwacher Hitze etwa 30 Min. kochen.

4 Dann Fischstücke zwischen das Gemüse legen und bei schwacher Hitze zugedeckt weitere 15 Min. garen. Nach Bedarf noch ¼ l heißes Wasser dazugießen, wenig rühren.

5 Fisch und Gemüse aus der Brühe heben und auf eine vorgewärmte Platte legen. Brühe durch ein Sieb gießen, mit Salz, Pfeffer und reichlich Zitronensaft abschmecken und extra in Schüsselchen zum Fisch reichen.

Getränk: Dazu schmeckt ein weißer Athiri von der Insel Rhodos.

Tip! Sie können noch frische Minzeblättchen hacken und über den Fisch streuen.

Trachana-Suppe

Aus Thrakien · Gelingt leicht

Sóupa trachána

Zutaten für 4 Portionen:
1 große Zwiebel
200 g Tomaten · 130 g Butter
1 l Fleischbrühe (Instant-Produkt)
½ TL getrockneter Thymian
150 g Trachana (Weizenschrot)
1 Bund Petersilie · Salz
schwarzer Pfeffer, frisch gemahlen
100 g Kefalotiri-Käse, gerieben (ersatzweise Emmentaler)

Zubereitungszeit: 30 Min.

Pro Portion: 1900 kJ/450 kcal

1 Zwiebel schälen und klein würfeln. Tomaten mit heißem Wasser übergießen, häuten, Stielansätze entfernen und das Fruchtfleisch würfeln. Butter in einem Topf erhitzen und Zwiebelwürfel glasig braten.

2 Tomaten unterrühren, kurz mitschmoren. Fleischbrühe dazugießen, Thymian dazugeben und aufkochen lassen. Trachana unter Rühren in die Brühe rieseln lassen und bei schwacher Hitze zugedeckt etwa 20 Min. kochen, bis die Suppe dicklich wird. Gelegentlich umrühren.

3 Petersilie abspülen, trockenschütteln und die Blättchen fein hakken. Die Suppe mit Salz und Pfeffer abschmecken, Petersilie in die Suppe rühren und servieren. Bei Tisch kann sich jeder etwas geriebenen Käse über seine Suppenportion streuen.

Info: Trachana besteht aus vorgegartem, getrocknetem und zerriebenem Weizenschrot und ist manchmal auch mit getrocknetem Joghurt verarbeitet. Trachana bekommt man bei uns in griechischen Spezialitätenläden.

PASTETEN

Auf ihre Pasteten können die griechischen Hausfrauen mit Recht stolz sein, denn für ihre kulinarische Kreativität und Phantasie gibt es keinen besseren Beweis. Aus Mehl, Salz, Wasser und je nach Pastetenart noch etwas Öl stellen sie einen Teig her, der dann mit den Gemüsen der Jahreszeit gefüllt wird. Besonders geeignet sind Blattgemüse wie Spinat und Mangold. Aber auch Zucchini, Lauch oder Artischocken sind als Füllung sehr beliebt. Zusammen mit Käse und Kräutern entstehen daraus herrlich würzige Kompositionen. Fleischpasteten sind etwas für besondere Anlässe. Aber selbst wenn zum Füllen nur Reis und Käse zur Verfügung stehen, wie das früher in Griechenland im Winter der Fall war, werden diese in Teig verpackt und im Backofen vollendet. Jede Region besitzt hier ihre eigenen Spezialitäten. Für den Genuß der Pasteten gibt es keine bestimmte Tageszeit. Sie sind entweder ein Gang bei den Mahlzeiten, oder sie bilden zusammen mit einer Suppe ein sättigendes Essen. Übriggebliebene Stücke werden auch gerne zum Frühstück verzehrt. Nicht nur zu Hause wird gebacken. Würziger Duft aus den Bäckereien zieht schon am Vormittag durch die Straßen und kündigt an, daß die Teigtaschen oder Pasteten vom Blech fertig sind. Zu Hause bereitet man kleine Taschen gerne für Gäste zu und ißt sie bei einem Glas Wein. Pasteten gehören auch unbedingt zu einem Picknick im Freien, da sie gut vorzubereiten sind und auch kalt köstlich schmecken.

Spinatpastete

Spanakópitta

Vom Festland · Braucht etwas Zeit

Zutaten für eine runde feuerfeste Form von 28–30 cm Ø, für 4 Portionen:
1 kg frischer Blattspinat
1 Bund Frühlingszwiebeln (etwa 200 g)
4 EL Olivenöl
2 Bund Dill
200 g Feta-Käse (Schafkäse)
schwarzer Pfeffer, frisch gemahlen
Salz
2 Eier
⅛ l Milch
80 g Butter
3 Yufka-Teigblätter

Zubereitungszeit: 1 Std. (+ 40 Min. Backen)

Pro Portion: 2700 kJ/640 kcal

1 Spinat waschen, Wurzelansätze und harte Stiele abschneiden. Frühlingszwiebeln von harten Röhren und Wurzeln befreien, abspülen, zweimal längs halbieren und quer in Stückchen schneiden.

2 3 EL Olivenöl in einer Pfanne erhitzen und die Zwiebeln glasig dünsten. Den tropfnassen Spinat hineingeben und bei starker Hitze zusammenfallen und die Flüssigkeit verdampfen lassen. Die Pfanne vom Herd nehmen, Spinat kurz abkühlen lassen, auf einem Brett fein hacken und in eine Schüssel geben.

3 Dill hacken. Den Käse fein zerkrümeln und unter den Spinat mischen. Mit Pfeffer und Salz abschmecken. Eier verquirlen und unterziehen.

4 Die Yufka-Blätter aus der Folie nehmen, auseinanderfalten, mit Wasser fein besprühen und mit einem feuchten Tuch bedeckt etwa 30 Min. ruhen lassen, damit sie geschmeidig werden. Den Backofen auf 200° (Gas Stufe 3) vorheizen. Form mit 1 EL Öl einpinseln. Butter mit Milch in einem Töpfchen erwärmen.

5 Das erste Yufka-Blatt in die Form legen, Ränder überhängen lassen. Das Teigblatt mit Butter-Milch-Mischung großzügig einpinseln.

6 Das zweite Blatt halbieren. Die Hälften kreuz und quer übereinander auf den Boden der Form legen, dabei jeweils großzügig einpinseln. Ränder überhängen lassen. Spinat in die Form geben, gut andrücken.

7 Das dritte Blatt halbieren, den Spinat damit abdecken, jede Lage einpinseln. Die Ränder über die Pastete klappen, mit der restlichen Butter-Milch-Mischung einpinseln.

8 Die oberen Schichten der Pastete quadratisch einschneiden. Im Ofen (Mitte) 35–40 Min. goldgelb backen, etwas abkühlen lassen. Die Quadrate richtig durchschneiden und die Pastete warm oder kalt servieren.

Info: Die Spinatpastete wird von den griechischen Hausfrauen mit etwas dicker ausgerolltem Teig zubereitet, der dem türkischen Yufka mehr entspricht als der industriell hergestellte, exportierte dünne Fillo.

Fleischpastete

Aus Epirus · Gut vorzubereiten

Kreatopitta

Zutaten für 6–8 Portionen:
1 Paket Fillo-Teigblätter
300 g mittelgroße Zwiebeln
3 EL Olivenöl
je 400 g Hackfleisch vom Lamm und Rind
Salz
schwarzer Pfeffer, frisch gemahlen
1 TL Zimtpulver
Saft von 1 Zitrone
1 Bund Petersilie
2 Eier
2 EL Paniermehl
100 g Kefalotiri-Käse, gerieben (ersatzweise Emmentaler)
100 g Feta-Käse (Schafkäse)
100 g Butter und Butter für das Blech

Zubereitungszeit: 45 Min. (+ 50 Min. Garen)

Pro Portion: 2200 kJ/520 kcal

1 Fillo-Blätter aus der Folie nehmen, auseinanderfalten und mit einem feuchten Tuch bedecken. Inzwischen Zwiebeln schälen und würfeln. In einer Pfanne Olivenöl erhitzen und die Zwiebeln glasig braten.

2 Fleisch hinzufügen, zerbröseln, bei mittlerer Hitze anbraten, bis der Saft verdunstet ist. Salz, reichlich Pfeffer, Zimt und Zitronensaft unterrühren. Pfanne beiseite stellen. Den Backofen auf 200° (Gas Stufe 3) vorheizen.

3 Petersilie abspülen, trockenschütteln und fein hacken. Mit Eiern, Paniermehl und geriebenem Käse unter das Hackfleisch mischen. Feta-Käse mit der Gabel zerdrücken und ebenfalls untermischen.

4 Butter in einem Topf erwärmen. Ein großes Backblech einfetten. Die Hälfte der Teigblätter mit Butter einpinseln und auf das Blech legen, die Ränder überhängen lassen.

5 Hackfleisch abschmecken, auf den Teigblättern verstreichen und festdrücken. Die Teigränder darüber schlagen und mit Butter einpinseln. Die übrigen Teigblätter einpinseln und die Pastete damit abdecken. Oberfläche mit etwas Wasser einsprühen.

6 Pastete mit einem scharfen Messer in Quadrate von etwa 7 x 7 cm schneiden, im Backofen (Mitte) in 45–50 Min. goldgelb backen. Warm servieren.

Info: Hier würden sich auch Yufka-Teigblätter eignen, da sie dicker sind. Beim dünneren Fillo braucht man mehrere Lagen, wie beschrieben.

Fillo

Fillo ist ein papierdünner Blätterteig. Er wird fast jeden Tag in der griechischen Küche verwendet, für herzhafte Pasteten und für süßes Gebäck. Es gehört jahrelange Übung dazu, den Teig so dünn auszurollen, wie er für das jeweilige Gericht benötigt wird. Für den Teig wird Mehl mit einer guten Prise Salz und Wasser verknetet, daß daraus ein elastischer Teig entsteht. Dieser wird in Portionen eingeteilt und ruht, mit einem feuchten Tuch bedeckt, 2–3 Std., ehe es ans Ausrollen geht. Das geschieht auf einem großen runden Brett oder einer Arbeitsplatte mit genügend Platz zum Hantieren. Die Teigrolle ist ein langer, dünner Stab von etwa 1½ cm Durchmesser, mit dem die Hausfrau geschickt manövriert. Für herzhafte Pasteten rollt sie den Teig etwas dicker aus als für die süßen. Den Teig kann man auch beim Fillo-Bäcker kaufen. Bei uns gibt es ihn in griechischen oder türkischen Spezialitätenläden in Paketen zu 450–500 g. Wer ihn nicht bekommt, kann für herzhafte Pasteten auch türkischen Yufka-Teig verwenden, der sich, da er dicker ist, eh besser eignet. Vor der Verwendung werden Yufka-Teigblätter mit einem feuchten Tuch bedeckt oder mit etwas Wasser eingesprüht, damit sie geschmeidiger werden. In Folien-Paketen lassen sich Fillo und Yufka auch einfrieren.

Fillo besteht nur aus 3 Zutaten: Mehl, Wasser und Salz.

Frischkäse-Taschen

Aus Kreta · Braucht etwas Zeit

Mizithropittákia

Zutaten für 4 Portionen, für 12 Stück:
225 g Mehl und Mehl zum Ausrollen
Salz
1 EL Olivenöl und etwa 50 ml Olivenöl zum Braten
150 g Mizithra (Frischkäse aus Schafmilch, ersatzweise frischer Ricotta)
1 Eigelb
4 Frühlingszwiebeln (etwa 180 g)
2 Zweige frische oder 1 TL getrocknete Minze
½ Bund Petersilie
schwarzer Pfeffer, frisch gemahlen
1 Eiweiß

Zubereitungszeit: 45 Min. (+1 Std. Ruhen)

Bei 12 Stück pro Stück: 1200 kJ/290 kcal

1 Mehl in eine große Schüssel sieben. ½ TL Salz untermischen. In die Mitte eine Mulde drücken, 1 EL Olivenöl und 100 ml Wasser hineingießen. Alles zu einem geschmeidigen Teig verkneten. Den Teig zu einer Kugel formen, in Frischhaltefolie wickeln und etwa 1 Std. ruhen lassen.

2 Inzwischen vom Frischkäse Molke, die sich abgesetzt hat, weggießen. Den Käse in ein Schüsselchen geben. Eigelb hinzufügen. Zwiebeln von harten Röhren und Wurzeln befreien, abspülen, längs halbieren und in dünne Streifen schneiden.

3 Kräuter abspülen, trockenschütteln, Blättchen fein hacken, mit den Zwiebeln, 1 Prise Pfeffer und Salz zum Käse geben, alles vermischen.

4 Eiweiß in einem Schüsselchen verquirlen. Teigkugel halbieren. Eine Hälfte wieder in Folie einpacken. Die andere sehr dünn ausrollen. Mit einem großen Glas oder Schüsselchen Kreise von 12–13 cm Durchmesser ausstechen. Deren Ränder mit Eiweiß einpinseln. In die Mitte 1 gehäuften TL Käse geben.

5 Je 1 Hälfte über die andere klappen, mit den Zinken einer Gabel Ränder festdrücken. Mit der zweiten Hälfte der Teigkugel genauso verfahren und auf diese Weise alle Taschen herstellen. Olivenöl in der Pfanne erhitzen. Die Taschen bei mittlerer Hitze beidseitig goldbraun braten. Auf Küchenpapier entfetten und warm servieren.

Getränk: Dazu paßt ein trockener fruchtiger Weißwein aus dem Weinanbaugebiet Peza auf Kreta.

Info: Mizithra gibt es ungesalzen zum Füllen von süßem Gebäck und gesalzen für Pasteten.

NISSA
Α.Π. ΚΑΤΣΑΚΟΥΛΗΣ Α.Ε.

Kretische Pastetchen

Von Kreta · Geht schnell

Pittes kritis

Zutaten für 4 Portionen, für 10 Stück:
1 Paket Tiefkühl-Blätterteig (350 g)
Mehl zum Ausrollen
400 g frischer Mangold
400 g frischer Spinat
4 Zweige Fenchelgrün
1 dünne Stange Lauch
3 EL Olivenöl
100 g Feta-Käse (Schafkäse)
schwarzer Pfeffer, frisch gemahlen
1 Ei
50 g Sesamsamen

Zubereitungszeit: 30 Min.
(+ 15–20 Min. Backen)

Pro Stück: 880 kJ/208 kcal

1 Blätterteig zum Auftauen auf einer leicht bemehlten Fläche auslegen. Mangold und Spinat von den harten Stielen befreien, gründlich waschen und in dünne Streifen schneiden. Fenchelgrün abspülen und hacken. Den Lauch von den harten Blättern und vom Wurzelansatz befreien, längs halbieren, abspülen und in Streifchen schneiden.

2 In einer Pfanne Olivenöl erhitzen und das Gemüse bei starker Hitze darin anschmoren, zusammenfallen und das Wasser verdampfen lassen. Die Pfanne vom Herd nehmen. Käse mit der Gabel zerdrücken und unter das Gemüse mischen. Mit Pfeffer abschmecken.

3 Backofen auf 225° (Gas Stufe 4) vorheizen. Ein großes Blech mit kaltem Wasser abspülen. Die Blätterteigplatten halbieren. Jede Hälfte auf einer bemehlten Fläche zu einem Kreis von etwa 12 cm Durchmesser ausrollen. In die Mitte eines jeden Kreises einen Teil der Füllung geben.

4 In einem Teller das Ei verquirlen, damit die Ränder einpinseln und eine Teighälfte über die andere klappen. Die Ränder mit einem Messer halbrund schneiden, so daß die Pastetchen nach dem Backen hübsch aussehen. Die Pastetchen auf das Blech legen, mit Ei einpinseln, mit Sesam bestreuen und im Ofen (Mitte) in 15–20 Min. goldgelb backen. Warm servieren.

Zucchini-Pastete

Von Kreta · Für Gäste

Kolokíthobouriko

Zutaten für eine Springform
von 28 cm Ø, für 6 Portionen:
800 g Zucchini
3 EL Mehl
2 Yufka-Teigblätter
8 EL Olivenöl
200 g Feta-Käse (Schafkäse)
schwarzer Pfeffer, frisch gemahlen
1 Bund Dill
2 Eier
2 EL Sesamsamen

Zubereitungszeit: 30 Min.
(+ 1¼ Std. Backen)

Pro Portion: 1500 kJ/360 kcal

1 Zucchini waschen, abtrocknen, Stiel- und Blütenansätze abschneiden. Die Zucchini in etwa ½ cm dünne Scheiben schneiden. Mehl auf einen Teller sieben und die Zucchinischeiben darin wenden. Ein Yufka-Blatt aus der Folie nehmen, auseinanderfalten, halbieren, von beiden Seiten mit Wasser besprühen und mit einem feuchten Tuch bedeckt kurz ruhen lassen.

2 Form mit 2 EL Olivenöl einfetten, die Teigblatthälften kreuzförmig übereinander hineinlegen, Ränder überhängen lassen. Die Hälfte der Zucchini dachziegelartig einschichten.

3 Backofen auf 180 ° (Gas Stufe 2) vorheizen. Feta-Käse mit der Gabel zerkrümeln, über den Zucchini verteilen, mit Pfeffer bestreuen. Dillblättchen hacken und über den Käse streuen. Die zweite Schicht Zucchini darauf verteilen.

4 Das zweite Yufka-Blatt halbieren, mit Wasser besprühen und auf die Zucchini legen, überhängende Teigteile nach innen klappen und andrücken. Die Pastete in Quadrate von 4–5 cm Kantenlänge schneiden. Eier, 4 EL Wasser und 6 EL Olivenöl verquirlen, über der Pastete verteilen. Sesam darüber streuen. Im Ofen (Mitte) etwa 1¼ Std. backen, sofort servieren.

Käsetäschchen

Aus Zentralgriechenland

Tirópittákia

Zutaten für 28 Stück:
½ Paket Fillo-Teigblätter
80 g Butter zum Einpinseln der Fillo-Teigblätter und für das Backblech
Für die Füllung:
20 g Butter
1 EL Mehl
4 EL Milch
100 g süße Sahne
150 g Feta-Käse (Schafkäse)
50 g Graviéra-Käse, gerieben (ersatzweise Greyerzer)
½ Bund Dill
½ Bund Petersilie
schwarzer Pfeffer, frisch gemahlen
Muskatnuß, gerieben

Zubereitungszeit: 45 Min. (+ 15 Min. Backen)

Bei 28 Stück pro Stück: 260 kJ/62 kcal

1 Die Teigblätter aus der Folie nehmen, auseinanderfalten und mit einem feuchten Küchentuch bedeckt ruhen lassen. Ein großes Backblech mit Butter einfetten.

2 Für die Füllung 20 g Butter in einem kleinen Topf erhitzen, Mehl langsam einrühren, Milch und Sahne unterrühren und aufkochen, so daß eine dicke Masse entsteht. Topf beiseite stellen.

3 Feta-Käse mit der Gabel fein zerkleinern und mit dem Graviéra-Käse unter die Masse rühren. Kräuter abspülen, trockenschütteln, Blättchen fein hacken und ebenfalls untermischen. Paste mit Pfeffer und 1 Prise Muskat abschmecken. Backofen auf 200° (Gas Stufe 3) vorheizen.

4 In einem Topf 80 g Butter erwärmen. Inzwischen je 2 Teigblätter übereinander in Streifen von 7 x 20 cm schneiden. Streifen mit der flüssigen Butter einpinseln. Auf den Anfang jedes Streifens 1 TL Füllung geben und die Streifen im Zickzack zu Dreiecken (etwa 5mal) bis zum Ende falten.

5 Alle Dreiecke auf das Backblech legen, und diese mit Butter einpinseln. Die Täschchen im Backofen (Mitte) in 10–15 Min. goldgelb backen. Am besten warm servieren.

Getränk: Ein halbtrockener Agioritikos rosé vom Berg Athos schmeckt gut dazu.

Info: Feta, der weiße, säuerliche Schafkäse, der in Salzlake reift, hat griechischen Käse bei uns berühmt gemacht. Aber auch Graviéra oder Kefalograviéra aus Schaf- oder Ziegenmilch, je nach Alter halbfest oder fest, ist aus der griechischen Küche nicht wegzudenken. Er eignet sich wegen seines kräftigen Geschmacks gut zum Würzen für Pasteten.

Tip! Am besten sprühen Sie die Teigblätter mit einer Wassersprühflasche ein.

EIER, NUDELN UND REIS

Eier, Nudeln und Reis spielen in der griechischen Alltagsküche eine wichtige Rolle. Mit Gemüse und Kräutern aus dem Garten, mit Olivenöl und etwas Fleisch oder Wurst entstehen daraus preiswerte Mahlzeiten. Die Zubereitung ist oft verblüffend einfach, die Ergebnisse sind köstlich. Unerwartete, hungrige Gäste werden auf dem Land oder in einem Inseldorf mit einem schnellen Eiergericht, mit selbstgebackenem Brot und einfachem Landwein bewirtet und sind rundum zufrieden. Nudelgerichte, gerne mit Tomaten im Ofen zubereitet, sind beliebte Sattmacher. Die Chylopíttes, quadratische Nudeln, kommen oft aus eigener Produktion. Außer bei den Auflaufgerichten werden allgemein kleine Nudeln, die sich gut mit der Sauce verbinden, bevorzugt. Die herzhaften Käse, vor allem der Graviéra, aber auch Kefalotiri, verleihen dabei den eher sanft schmeckenden Gerichten eine pikante Note. Reis wird sowohl als Beilage geschätzt als auch mit Gemüse gegart als Zwischen- oder Hauptgericht. Besonders beliebt ist Reis mit Spinat, zubereitet mit Olivenöl und Dill und mit Zitrone abgeschmeckt. Ein Teller mit Feta-Käsebrocken wird häufig dazu serviert und macht die leichte Mahlzeit komplett.

Omelette mit Wildgemüse

Von Kreta · Vegetarisch

Omelétta agriochórta

Zutaten für 2–4 Portionen:
500 g selbstgesammelte Wildgemüse (z. B. zarte Blätter von Löwenzahn, Brennessel, Sauerampfer, Spitzwegerich, Brunnenkresse, Gänseblümchen und die jungen Blattstauden des Ackerhederich, Wildform des Rettichs)
Salz · 4 Eier · 4 EL Olivenöl
schwarzer Pfeffer, frisch gemahlen

Zubereitungszeit: 30 Min.

Bei 4 Portionen pro Portion:
1100 kJ/260 kcal

1 Das Wildgemüse vorsichtig waschen. In einem Topf reichlich Wasser mit 1 TL Salz aufkochen und das Gemüse darin etwa 1 Min. blanchieren (sprudelnd kochen), dann gründlich abtropfen lassen.

2 Eier in eine Schüssel aufschlagen. 5 EL Wasser und Salz dazugeben und alles kräftig verquirlen. Öl in einer mittelgroßen Pfanne erhitzen und die Eier hineingießen. Das Gemüse darauf verteilen und flachdrücken.

3 Bei mittlerer Hitze das Omelette 1–2 Min. von der einen und ebenso lange von der anderen Seite braten, mit Pfeffer bestreuen und mit Weißbrot servieren.

Getränke: Dazu passen ein Weißwein aus Attika, ein gut gekühlter Rhoditis oder ein Retsina.

Tip! Das Omelette wird in Griechenland auf einem Teller für alle serviert, und jeder schneidet sich einen Teil davon ab. Dazu kann man noch zerbröckelten Schafkäse reichen, den man sich auf das Omelette streut.

Eier auf Gemüse

Aus den Piliondörfern · Geht schnell

Spetsofái

Zutaten für 4 Portionen:
500 g grüne oder rote längliche Paprikaschoten
500 g reife Tomaten
1 Zwiebel
2 Knoblauchzehen
1 Stange Bleichsellerie
½ Bund Petersilie
250 g kleine, geräucherte Bauernwürstchen (ersatzweise ungeräucherte Mettwürstchen oder Debrecziner)
4 EL Olivenöl
Salz
schwarzer Pfeffer, frisch gemahlen
4 Eier

Zubereitungszeit: 40 Min.

Pro Portion: 1900 kJ/450 kcal

1 Paprikaschoten halbieren, putzen, waschen und längs in breite Streifen schneiden. Tomaten mit heißem Wasser überbrühen, häuten, Stielansätze entfernen und das Fruchtfleisch würfeln.

2 Zwiebel und Knoblauch schälen, in Ringe bzw. Scheibchen schneiden. Sellerie abspülen und in Stücke schneiden. Petersilie abspülen, trockenschütteln und die Blättchen hacken.

3 Würstchen in dicke Scheiben schneiden. Olivenöl in einer großen Pfanne erhitzen und die Paprikaschoten rundum bei mittlerer Hitze anbraten, abtropfen lassen und beiseite stellen.

4 Zwiebel, Knoblauch und Sellerie in die Pfanne geben und etwa 3 Min. schmoren. Paprikaschoten dazwischen betten, alles warm halten.

5 Wurstscheiben in einer zweiten Pfanne ohne Fettzugabe bei mittlerer Hitze beidseitig braun braten, dann zu dem Gemüse geben. Alles mit Salz und Pfeffer abschmecken. Petersilie unterrühren.

6 Im ausgetretenen Wurstfett Spiegeleier braten. Diese auf Gemüse und Wurst legen und in der Pfanne auf den Tisch stellen oder auf vorgewärmten Portionstellern auf dem Gemüse anrichten. Sofort mit Weizenbrot servieren.

Getränk: Ein Retsina aus attischen Weinen schmeckt besonders gut dazu.

Tip! Mit 2 Spiegeleiern pro Person wird das Gericht zur sättigenden Hauptmahlzeit.

Eier auf Auberginen

Aus Zentralgriechenland

Avgá mátia melitzánes

Zutaten für 4 Portionen:
4 mittelgroße Auberginen (etwa 1 kg)
6 EL Olivenöl und Öl für die Form
4 Schalotten (ersatzweise 2 kleine Frühlingszwiebeln)
400 g Tomaten
1 Bund Petersilie
1 Zweig frischer oder ½ TL getrockneter Thymian
Salz
½ TL Zucker
schwarzer Pfeffer, frisch gemahlen
8 Eier

Zubereitungszeit: 45 Min.

Pro Portion: 1200 kJ/290 kcal

1 Auberginen abspülen und abtrocknen. Stielansätze abschneiden. Auberginen längs halbieren, das Fruchtfleisch quadratisch einritzen.

2 In einer großen beschichteten Pfanne 2 EL Olivenöl erhitzen. 4 Auberginenhälften mit der Schnittfläche nach unten hineinlegen und bei mittlerer Hitze etwa 10 Min. braten. Zwischendurch zweimal wenden. Dann die übrigen Hälften mit 2 EL Olivenöl ebenso braten.

3 Backofen auf 200° (Gas Stufe 3) vorheizen. Eine für alle Auberginenhälften ausreichend große feuerfeste Form mit Öl einpinseln. Schalotten schälen und in dünne Ringe schneiden. Tomaten waschen, halbieren, Stielansätze entfernen und das Fruchtfleisch würfeln. Kräuter abspülen, trockenschütteln und die Blättchen hacken.

4 Auberginen mit der Schnittfläche nach oben nebeneinander in die Form legen. Einen Teil des Fruchtfleisches mit einem Löffel herausnehmen.

5 2 EL Olivenöl in der Pfanne erhitzen. Zwiebeln, Tomaten und Auberginenfleisch etwa 5 Min. bei mittlerer Hitze schmoren, mit Salz, Zucker und Pfeffer abschmecken. Thymian und die Hälfte der Petersilie unterrühren.

6 Die Mischung in die Auberginen füllen, Platz für je 1 Ei machen. Es wird aufgeschlagen und in die Mitte gesetzt. Auberginen im Backofen (Mitte) 10–15 Min. backen, mit der restlichen Petersilie bestreut servieren.

Variante: Die geputzten Auberginen längs oder quer in 1 cm dicke Scheiben schneiden, in Öl in der Pfanne bei mittlerer Hitze braten. Zum Entfetten auf Küchenpapier legen, dann in 4 Portionen teilen. 4 Scheiben Kochschinken in der Pfanne beidseitig anbraten, auf die Auberginen legen. Die übrigen Zutaten: 4 Schalotten, 400 g Tomaten, 1 Bund Petersilie und ½ TL getrockneter Thymian wie beschrieben vorbereiten. Im verbliebenen Fett in der Pfanne schmoren, würzen, auf den Schinken legen. Spiegeleier mit 1 EL Öl braten und die Portionen damit bedecken.

Nudelauflauf

Von den Kykladen · Gut vorzubereiten

Pastítsio

Zutaten für 4–6 Portionen:
500 g Makkaroni · Salz
1 große Zwiebel · 4 EL Olivenöl
600 g Rinderhackfleisch
700 g Tomaten
je 1 Msp. Zimt- und Pimentpulver
¼ l trockener Weißwein
40 g Butter und Butter für die Form
4 EL Mehl · ¾ l Milch
schwarzer Pfeffer, frisch gemahlen
1 Prise Muskat · 1 EL Zitronensaft
3 Eier · 200 g Kefalotiri-Käse, gerieben · 1 Bund Petersilie

Zubereitungszeit: 2 Std. (+ 45 Min. Backen)
Bei 6 Portionen pro Portion: 3400 kJ/810 kcal

1 Makkaroni in reichlich Wasser bißfest kochen, abgießen. Zwiebel schälen und klein würfeln. Olivenöl erhitzen und die Zwiebel bei mittlerer Hitze glasig braten. Hackfleisch dazugeben, zerkleinern und rundum kräftig anbraten.

2 Tomaten häuten, kleinwürfeln und unter das Hackfleisch rühren. Gewürze, Salz, Wein und ⅛ l Wasser untermischen. Bei schwacher Hitze etwa 10 Min. kochen. Backofen auf 180° (Gas Stufe 2) vorheizen.

3 Butter in einer Kasserolle erhitzen, Mehl einrühren und anschwitzen. Langsam Milch unterrühren und aufkochen. Sauce mit Salz, Pfeffer, Muskat und Zitronensaft abschmecken. Leicht abkühlen lassen. 2 Eier verquirlen und unterrühren.

4 Eine feuerfeste Form einfetten. Die Hälfte der Makkaroni auf den Boden schichten. Etwas Käse darüber streuen. Petersilie abspülen, trockenschütteln und Blättchen hacken, mit 1 Ei unter das Hackfleisch rühren und auf die Makkaroni streichen.

5 Restliche Makkaroni darüber legen und mit der Sauce begießen. Restlichen Käse darüber streuen. Den Auflauf im Backofen (Mitte) etwa 45 Min. backen, bis sich die Oberfläche bräunt.
In Stücke schneiden und servieren.

Muschelreis

Von den Ionischen Inseln

Mídia me rísi

Zutaten für 4 Portionen:
1,5 kg Mies- oder Venusmuscheln
2 Zwiebeln (etwa 200 g)
2 Knoblauchzehen · 3 EL Olivenöl
⅜ l trockener Weißwein · Salz
1 TL schwarze Pfefferkörner
½ Lorbeerblatt
1 Bund Petersilie · 200 g Tomaten
40 g Butter · 1 TL Tomatenmark
1 Msp. Zucker
schwarzer Pfeffer, frisch gemahlen
½ TL getrockneter Oregano
225 g Langkornreis

Zubereitungszeit: etwa 55 Min.

Pro Portion: 2400 kJ/570 kcal

1 Muscheln etwa 20 Min. in eine Schüssel mit kaltem Wasser legen. Dann unter fließendem Wasser abbürsten, Bartfäden abschneiden. Bereits geöffnete Muscheln wegwerfen. 1 Zwiebel und 1 Knoblauchzehe schälen, halbieren. In einem großen Topf mit Olivenöl glasig braten. ¼ l Wein und ½ l Wasser zugießen, Salz, Pfeffer, ½ Lorbeerblatt und 3 Zweige Petersilie hinzufügen und aufkochen.

2 Muscheln hineingeben, zugedeckt bei starker Hitze etwa 5 Min. kochen. Muscheln herausnehmen, nicht geöffnete Exemplare wegwerfen. Sud durch ein Sieb gießen, aufheben. 1 Zwiebel und 1 Knoblauchzehe schälen und fein würfeln. Tomaten häuten und kleinwürfeln.

3 In einem Topf Zwiebel und Knoblauch in Butter glasig braten. Tomaten und Tomatenmark unterrühren, kurz mitschmoren. ⅛ l Wein und ¾ l Muschelsud dazugießen, aufkochen, mit Salz, Zucker, Pfeffer und Oregano würzen. Reis unterrühren, aufkochen und bei schwacher Hitze in 25 Min. garen, gelegentlich umrühren. Nach Bedarf noch Muschelsud hinzufügen.

4 Einige Muscheln als Dekoration beiseite legen, aus den übrigen Fleisch entnehmen. Muschelfleisch und restliche gehackte Petersilie unter den Reis mischen, mit Muscheln garniert servieren.

Eintopf mit Reisnudeln

Von den Mittelmeerinseln

Giouvétsi me kritharáki

Zutaten für 4 Portionen:
700 g Lammfleisch aus der Keule
200 g Zwiebeln
3 Knoblauchzehen
500 g reife Fleischtomaten
40 g Butter
1 EL Tomatenmark · Salz
schwarzer Pfeffer, frisch gemahlen
1 TL mildes Paprikapulver
1 TL getrockneter Thymian
200 g Kritharáki (reiskornförmige kleine Nudeln)
100 g Graviéra-Käse, gerieben (ersatzweise Greyerzer)

Zubereitungszeit: 45 Min. (+ 1 ½ Std. Garen)

Pro Portion: 2600 kJ/620 kcal

1 Lammfleisch in Würfel von etwa 3 cm Kantenlänge schneiden. Zwiebeln und Knoblauchzehen schälen und klein würfeln. Tomaten mit heißem Wasser übergießen, häuten, Stielansätze entfernen und das Fruchtfleisch würfeln. Backofen auf 225° (Gas Stufe 4) vorheizen.

2 Butter erhitzen und das Fleisch bei starker Hitze rundum anbraten. Zwiebeln und Knoblauch hinzufügen und glasig werden lassen. Tomaten unterrühren und bei mittlerer Hitze etwa 5 Min. mitschmoren. Tomatenmark in ¼ l heißem Wasser auflösen und unterrühren. Mit Salz, Pfeffer, Paprikapulver und Thymian abschmecken.

3 Alles in eine feuerfeste Form geben und zugedeckt im Ofen (Mitte) etwa 1 Std. garen. Dann ¾ l kochendheißes, leicht gesalzenes Wasser dazugießen und die Reisnudeln unterrühren. Das Gericht im Backofen in etwa 30 Min. fertiggaren.

4 Den Eintopf zwischendurch umrühren und nach Bedarf etwas mehr Flüssigkeit dazugeben. Mit Salz und Pfeffer abschmecken, mit geriebenem Käse bestreuen und servieren.

Getränke: Dazu passen ein Retsina oder ein ungeharzter trockener Weiß- oder Rotwein, ein Demestika z.B., sehr gut.

Nudeln

Die Griechen besitzen ihre eigene Nudelkultur und bevorzugen Formen, die es anderswo kaum gibt. Wie die Kritharáki-Nudeln, die wie Reiskörner aussehen. Es gibt sie in zwei Größen (bei uns meist nur in einer). Man verwendet sie in Eintopfgerichten oder kocht sie auch zusammen mit Reis. Dafür werden die Kritharáki zuerst in heißem Fett hellbraun angeröstet. Typisch sind auch die winzigen quadratischen Chylopíttes. Chylo heißt übersetzt tausend, Píttes, Pastete oder Brot. Die Herstellung dieser Nudeln erfordert viel Geduld. Um die Arbeit kurzweiliger zu gestalten, treffen sich in manchen Dörfern die Frauen zum gemeinsamen Nudelmachen. Ihren Ursprung haben die Chylopíttes wahrscheinlich in Asien und gelangten über Anatolien nach Griechenland. Die beliebte Makkaroni-Pastete, Pastítsio, dagegen, die auch gerne auf Hochzeiten serviert wird, stammt von den Venezianern und Genuesen, die 500 Jahre lang wichtige Inseln der Ägäis und des Mittelmeeres beherrschten.

Nudeln sind aus der griechischen Küche nicht wegzudenken.

Spinatreis

Spanakórizo

Aus Attika · Geht schnell

Zutaten für 4 Portionen:
1 kg frischer Blattspinat
1 Bund Frühlingszwiebeln (etwa 200 g)
1 großes Bund Dill
5 EL Olivenöl
120 g Langkornreis · Salz
schwarzer Pfeffer, frisch gemahlen
1 unbehandelte Zitrone

Zubereitungszeit: 40 Min.

Pro Portion: 1100 kJ/260 kcal

1 Spinat von den Wurzelansätzen und groben Stielen befreien, waschen, abtropfen lassen und in schmale Streifen schneiden. Zwiebeln von harten Röhren und Wurzeln befreien, waschen und in Scheibchen schneiden. Dill abspülen und kleinhacken.

2 In einer großen Pfanne Olivenöl erhitzen und die Zwiebeln glasig braten. Spinat untermischen und bei mittlerer Hitze 3–4 Min. schmoren und zusammenfallen lassen. Reis und 600 ml Wasser dazugeben und aufkochen lassen. Auf schwache Hitze herunterschalten. Dill, Salz und eine Prise Pfeffer unterrühren.

3 Den Spinatreis zugedeckt etwa 20 Min. garen. Im Bedarfsfall noch 2–3 EL Wasser dazugeben, denn das Gericht soll saftig bleiben. Nochmal mit Salz und Pfeffer abschmecken. Zitrone waschen, vierteln und mit dem Spinatreis servieren. Nach Geschmack Zitronensaft über das Gericht träufeln.

Nudelauflauf mit Lauch

Pastítsio me prássa

Vom Festland · Gelingt leicht

Zutaten für 4 Portionen:
500 g Makkaroni · Salz
80 g Butter · 500 g Lauch
schwarzer Pfeffer, frisch gemahlen
500 g reife Tomaten
1 scharfe Peperoni
100 g schwarze Oliven
1 TL Tomatenmark
2 Eier · 2 EL Milch
80 g Graviéra-Käse, gerieben (ersatzweise Greyerzer)

Zubereitungszeit: 30 Min. (+ 45 Min. Backen)

Pro Portion: 1700 kJ/400 kcal

1 Makkaroni so kochen, daß sie noch Biß haben, abbrausen und abtropfen lassen. Nudeln in eine feuerfeste Form schichten. In einem Topf 40 g Butter erhitzen, bis sie sich zu bräunen beginnt und über die Nudeln träufeln.

2 Lauch von den harten, grünen Blättern und den Wurzelansätzen befreien, längs halbieren und waschen, dann in etwa 4 cm lange Stücke schneiden. In einer Pfanne 40 g Butter erhitzen und den Lauch bei schwacher Hitze zugedeckt etwa 10 Min. dünsten, mit Salz und Pfeffer würzen. Backofen auf 200° (Gas Stufe 3) vorheizen.

3 Lauch auf den Makkaroni verteilen. Dann Tomaten waschen, in Scheiben schneiden, dabei Stielansätze entfernen. Den Lauch mit Tomatenscheiben bedecken. Nun Peperoni waschen, längs halbieren, Kerne und Stielansatz entfernen. Dann auf die Tomaten legen. Oliven abspülen und dazwischenstecken.

4 Tomatenmark in ½ Tasse heißem Wasser auflösen und über den Auflauf gießen. Diesen etwa 45 Min. im Ofen (Mitte) backen. Etwa 10 Min. vor Ende der Garzeit Eier mit Milch verquirlen, über den Auflauf gießen, alles mit Käse bestreuen und fertigbacken.

Variante: Lauch mit Reis

Für »Prássaóryzo« 1 kg vorbereiteten, in Stücke geschnittenen Lauch, 200 g in Stifte geschnittene Möhren und 1 gewürfelte Zwiebel in 4 EL Olivenöl bei mittlerer Hitze 5 Min. offen schmoren. 50 g Reis, 300 ml Wasser, Salz, je 1 Prise Zucker und Pfeffer unterrühren und bei schwacher Hitze zugedeckt etwa 40 Min. garen. Mit 1 EL Zitronensaft verfeinern, warm servieren.

Nudelplättchen Metsovo

Aus Nordgriechenland · Deftig

Chylopíttes Metsóvou

Zutaten für 4–6 Portionen:
Für die Nudelplättchen:
500 g Mehl und Mehl zum Ausrollen
Salz
2 EL Olivenöl
2 Eier
Für die Schinkenmischung:
300 g milder roher Bergschinken, ohne Schwarte (ersatzweise magerer Südtiroler Schinkenspeck)
200 g Zwiebeln
2 Knoblauchzehen
1 Stange Bleichsellerie
400 g Tomaten
3 EL Olivenöl
Salz
schwarzer Pfeffer, frisch gemahlen
100 g Graviéra-Käse, gerieben (ersatzweise Greyerzer)

Zubereitungszeit: 2 Std. (+ 1 Std. Ruhen)

Bei 6 Portionen pro Portion: 2700 kJ/ 640 kcal

1 Mehl in eine Schüssel sieben, mit 1 TL Salz vermischen. In die Mitte eine Mulde eindrücken. Olivenöl, Eier und 150 ml lauwarmes Wasser hineingeben, alles zu einem geschmeidigen Teig verarbeiten. Diesen mindestens 10 Min. kneten, dann in Frischhaltefolie eingewickelt etwa 1 Std. ruhen lassen.

2 Den Teig zu einer Rolle formen, diese in 6–8 Portionen teilen. Die erste Portion auf eine bemehlte Arbeitsfläche legen – die anderen wieder in Folie einwickeln, damit sie nicht austrocknen. Teig sehr dünn ausrollen, dabei Nudelrolle und Arbeitsplatte gut mit Mehl bestäuben.

3 Teigplatte ebenfalls mit wenig Mehl bestäuben, übereinanderklappen – sie darf dabei nicht zusammenkleben.

4 Die doppelte Teiglage mit einem scharfen Messer kreuz und quer in 1 cm breite Streifen schneiden, so daß kleine Quadrate entstehen. Doppelt liegende Quadrate vorsichtig auseinanderzupfen.

5 Die Nudeln auf einem trockenen Küchentuch ausbreiten, bis alle anderen Portionen fertig sind.

6 Schinken in Würfelchen schneiden. Zwiebeln und Knoblauch schälen und fein würfeln. Sellerie abspülen und ebenfalls würfeln, die Blättchen hacken.

7 Tomaten mit heißem Wasser übergießen, häuten, Stielansätze entfernen und das Fruchtfleisch klein würfeln. Olivenöl in der Pfanne erhitzen und den Schinken bei mittlerer Hitze anbraten.

8 Zwiebeln, Knoblauch und Sellerie dazugeben und etwa 1 Min. unter Rühren mitbraten. Tomaten unterrühren und alles 1 weitere Min. schmoren. Mit Salz und Pfeffer abschmecken.

9 Dann reichlich Wasser mit 1 TL Salz in einem großen Topf aufkochen. Nudeln in das kochende Wasser geben und etwa 3 Min. sieden, in einem Sieb kurz abtropfen lassen und mit kaltem Wasser abschrecken. Unter die heiße Schinkenmischung heben und mit dem Käse zum Bestreuen servieren.

Getränk: Ein roter Naoussa aus Nordgriechenland paßt ausgezeichnet dazu.

FISCH

An den griechischen Küsten vermischen sich jeden Abend die Düfte von Rosmarin, Lorbeer und frisch gegrilltem Fisch. Die Griechen lieben Fisch und genießen ihn oft und zu allen Jahreszeiten. Die kleinen Tavernen, die einfachen Eßlokale in der Nähe der Fischmärkte, sind gute Adressen für delikate Vorspeisen mit Fisch und Meeresfrüchten, besonders aber für rustikale Gerichte, die auch zum Repertoire der Hausfrauen gehören: z.B. eine Fischsuppe, Tintenfisch in herzhafter Tomatensauce oder in der eigenen Tinte gegart sowie ein Fischauflauf mit Gemüse aus dem Ofen. Während Touristen die langarmigen Oktopoden, die an der Küste oder in Inselorten auch heute noch wie Wäsche zum Trocknen auf der Leine hängen, als exotische Fotomotive dienen, sind getrocknete Tintenfische ein bewährter Vorrat. Dazu besitzt jede Jahreszeit ihre Saisonfische, so daß der Tisch immer abwechslungsreich gedeckt ist. Dafür sorgen auch die vielen traditionellen Zubereitungsarten: das Marinieren mit Kräutern, Zitrone und anschließendes Grillen oder Braten; das Dünsten in Tomaten, Zwiebeln, Knoblauch, Olivenöl und Wein; das Füllen mit Reis, Rosinen und Pinienkernen, das Fritieren oder das Braten im Backofen, bedeckt mit Gemüse und Schafkäsebröckchen, auf die ein Grieche auch beim Fisch nicht verzichten mag. Die meisten dieser Zubereitungsarten lassen sich auf unterschiedliche Fische anwenden – probieren Sie selbst.

Meerbrasse aus dem Ofen

Von Spetses · Gelingt leicht

Lithríni fóurno ala spetsióta

Zutaten für 4 Portionen:
2 Meerbrassen, küchenfertig vorbereitet (je etwa 600 g)
Salz
schwarzer Pfeffer, frisch gemahlen
Saft von 1 Zitrone
2 kleine Zweige frischer Rosmarin
1 Bund Frühlingszwiebeln (ersatzweise 2 mittelgroße Zwiebeln, etwa 200 g)
2 Knoblauchzehen
200 g reife Tomaten
1 Bund Petersilie
4 EL Olivenöl
⅛ l trockener Weißwein
2 EL Paniermehl
50 g Feta-Käse (Schafkäse)

Zubereitungszeit: 20 Min. (+ 25 Min. Garen)

Pro Portion: 1500 kJ/360 kcal

1 Backofen auf 200° (Gas Stufe 3) vorheizen. Die beiden Fische innen und außen abspülen und mit Küchenpapier abtrocknen. Auf jeder Seite an den dicksten Stellen zweimal schräg einschneiden.

2 Fische innen und außen leicht mit Salz und Pfeffer bestreuen und mit Zitronensaft beträufeln. In die Bauchöffnungen je 1 Rosmarinzweig stecken. Die Fische in die Fettpfanne des Backofens legen.

3 Frühlingszwiebeln von harten Röhren und Wurzeln befreien, waschen und in etwa 5 cm lange Stücke schneiden. Knoblauch schälen. Tomaten mit heißem Wasser übergießen, häuten, Stielansätze entfernen und das Fruchtfleisch würfeln. Petersilie abspülen, trockenschütteln und hacken.

4 3 EL Olivenöl in einer Pfanne erhitzen, Zwiebeln dazugeben, Knoblauch durch die Presse dazudrücken und bei mittlerer Hitze glasig braten. Tomaten und Petersilie unterrühren und etwa 2 Min. mitschmoren.

5 Wein dazugießen und die Sauce aufkochen. Mit Salz und Pfeffer abschmecken, Gemüse auf die Fische geben, Sauce dazugießen, Paniermehl aufstreuen und mit 1 EL Öl beträufeln.

6 Fische im Backofen (Mitte) etwa 15 Min. garen, Feta-Käse würfeln und aufstreuen, weitere 10 Min. in den Ofen schieben, dann servieren.

Getränk: Der kräftige geharzte Retsina paßt gut zu dem herzhaften Gericht.

Tip! Sie können Rotbarsch oder Seelachs auf die gleiche Weise zubereiten.

Brassen

Es gibt etwa 200 Arten von Meerbrassen, im Mittelmeer sind 20 zu Hause.

Brassen gehören im gesamten Mittelmeerraum, so auch in Griechenland, zu den begehrtesten und teuersten Fischen. Etwa 20 Arten sind im Mittelmeer zu Hause. Zu den köstlichsten zählen die Goldbrassen, die man an dem Goldband zwischen ihren Augen erkennt, oder die Zahnbrassen mit ihrer auffallend steilen Stirn. Aber auch die Rotbrassen, die im Gegensatz zu den meist silbriggrau und bläulich gefärbten Verwandten rötlich schimmern, sind hervorragend. Die seltener vorkommenden Sackbrassen fallen durch ihr steiles Stirnprofil und durch dicke Lippen auf. Brassen leben in Tiefen von 20–30 m über Felsengrund und Seewiesen. Sie ernähren sich von Krebsen und Bodentierchen. Gefangen werden sie sowohl tagsüber als auch nachts in Netzen oder durch Köder, die an langen, dünnen Schnüren hängen, die wiederum an geankerten Schwimmkörpern befestigt sind, den sogenannten »Paraketa«. Brassen lassen sich auf viele phantasievolle Arten zubereiten. Sie schmecken sowohl gegrillt als auch in der Pfanne gebraten, im Ofen gebacken oder mit anderen Zutaten wie Zwiebeln, Tomaten, Olivenöl, Wein und Kräutern geschmort.

Oktopus in Wein

Von den Kykladen · Gelingt leicht

Oktapódi krassáto

Zutaten für 4 Portionen:
1 küchenfertiger Oktopus (800 g)
Salz
200 g weiße Zwiebeln
300 g reife Tomaten
1 Sträußchen Grün von Fenchelknollen (ersatzweise Dill)
1 EL Tomatenmark
4 EL Olivenöl
200 ml trockener Rotwein
Salz
schwarzer Pfeffer, frisch gemahlen

Zubereitungszeit: 30 Min. (+ 1 Std. Garen)

Pro Portion: 1200 kJ/290 kcal

1 Oktopus kalt abspülen. Den Kopfteil zwischen dem kleinen Sack und den Teil, an dem die Arme sitzen, abschneiden und wegwerfen.

2 Die Haut vom Säckchen abziehen. Anschließend die Haut wegwerfen.

3 Den Sack umstülpen, ausspülen und die Eingeweide – falls noch vorhanden – entfernen.

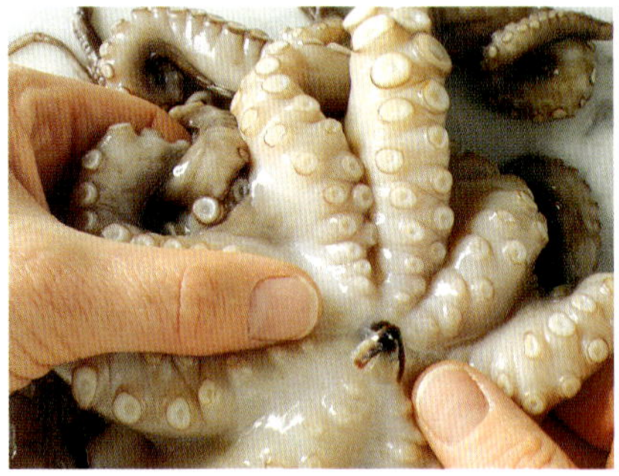

4 Das Kauwerkzeug des Oktopus herausdrücken.

5 Eine große beschichtete Pfanne trocken mittelstark erhitzen. Den Oktopus hineinlegen, leicht mit Salz bestreuen und 15 Min. im eigenen Saft schmoren. Dabei einmal wenden.

6 Oktopus lauwarm abspülen und abtropfen lassen. Zwiebeln schälen, halbieren und längs in Scheibchen bzw. Streifchen schneiden. Tomaten häuten, und das Fruchtfleisch in Scheiben schneiden. Fenchelgrün abspülen und zweimal durchschneiden. Tomatenmark in 125 ml Wasser auflösen.

7 Oktopus in mundgerechte Stücke schneiden. In einem Topf Olivenöl erhitzen. Zwiebeln bei mittlerer Hitze glasig braten. Oktopusstücke untermischen und ½ Min. unter Wenden mitbraten. Tomatenmark, Wein, etwas Salz, 1 Prise Pfeffer unterrühren und aufkochen.

8 Tomatenscheiben und Fenchelgrün auf die Zutaten im Topf legen, diesen leicht rütteln und schließen. Oktopus bei schwacher Hitze in 50–60 Min. dünsten, abschmecken und mit frischem Weißbrot heiß oder warm servieren.

Fischspieße

Von den Dodekanes-Inseln

Suwlákia psária

Zutaten für 4 Portionen:
800 g Rotbarschfilet
4 EL Olivenöl · Saft von ½ Zitrone
2 Zweige frischer Thymian
1 kleiner Zweig frischer Rosmarin
100 g Schalotten
200 g Tomaten
200 g dünne Zucchini
150 g milde Spitzpaprikaschoten
Salz
schwarzer Pfeffer, frisch gemahlen
1 Bund Petersilie · 8 Holzspieße

Zubereitungszeit: 30 Min.
(+ 30 Min. Marinieren)

Pro Portion: 1400 kJ/330 kcal

1 Rotbarsch in Würfel oder Scheibchen von etwa 3 cm Kantenlänge schneiden. Olivenöl und Zitronensaft in einem Schüsselchen verrühren. Kräuter abspülen, trockenschütteln, die Blättchen hacken und untermischen. Die Fischstücke darin wenden und etwa 30 Min. marinieren.

2 Inzwischen Schalotten schälen und halbieren. Tomaten waschen und vierteln, Zucchini abspülen, Stiel- und Blütenansätze abschneiden und in etwa 2 cm dicke Scheiben schneiden. Paprikaschoten waschen, putzen und die Schoten quer in etwa 2 cm breite Ringe schneiden.

3 Fischwürfel leicht abtropfen lassen, mit den Gemüsestücken abwechselnd auf Spieße stecken und von jeder Seite 2–3 Min. im Elektrogrill grillen. Spieße mit Salz und Pfeffer bestreuen. Petersilie abspülen, trockenschütteln, Zweige auf einer Platte auslegen, die Spieße darauf anrichten und servieren.

Getränk: Dazu paßt ein trockener Weißwein von der Insel Euböä.

Tip! Wenn Sie die Spieße in der Pfanne braten, bitte 3 EL Olivenöl erhitzen und die Spieße je Seite bei mittlerer Hitze etwa 2 Min. braten.

Schwertfisch pikant

Von Kreta · Gelingt leicht

Xsífias marinatos

Zutaten für 4 Portionen:
4 mittelgroße, 1½ cm dicke Schwertfischscheiben (je etwa 250 g)
Saft von 1 Zitrone
8 EL Olivenöl
1 Bund Petersilie
8 Lorbeerblätter
2 Zweige frischer Thymian
1 unbehandelte Zitrone
200 g rote Zwiebeln
400 g Tomaten
400 g kleine knackige Gärtnergurken
Salz
schwarzer Pfeffer, frisch gemahlen

Zubereitungszeit: 45 Min.
(+ 1 Std. Marinieren)

Pro Portion: 990 kJ/240 kcal

1 Fischscheiben kalt abspülen und abtrocknen. Zitronensaft und 4 EL Olivenöl in ein Schüsselchen geben. Petersilie abspülen, trockenschütteln, Blättchen fein hacken, dazugeben und alles verrühren. Schwertfischscheiben damit bestreichen. Lorbeerblätter darauf verteilen und die Scheiben aufeinander liegend etwa 1 Std. marinieren.

2 Inzwischen Thymian waschen, trockenschütteln und die Blättchen abstreifen. Zitrone waschen und vierteln. Zwiebeln schälen und längs vierteln. Tomaten waschen und in Scheiben schneiden, dabei Stielansätze entfernen. Gurken schälen und längs vierteln.

3 2 EL Olivenöl in einer großen Pfanne erhitzen, 4 Lorbeerblätter hineinlegen und darauf 2 Fischscheiben betten. Sollte die Pfanne so groß sein, daß alle Scheiben zugleich hineinpassen, das übrige Öl und die restlichen Blätter dazugeben und den Fisch bei mittlerer Hitze etwa 2 Min. auf dem Lorbeer liegend braten. Sonst portionsweise braten. Dann Thymian überstreuen.

4 Die Scheiben wenden und etwa 2 Min. von der anderen Seite braten. Lorbeerblätter entfernen. Die übrige Marinade auf den Fisch träufeln, leicht mit Salz und Pfeffer bestreuen. Den Fisch auf vorgewärmten Tellern mit je 1 Zitronenviertel zum Beträufeln und den vorbereiteten Gemüsen als Beilage anrichten. Mit Weißbrot servieren.

Geschmorter Stockfisch

Vom Festland · Gelingt leicht

Bakaliarós jachní

Zutaten für 4 Portionen:
1 kg Stockfisch
2 große Zwiebeln (etwa 300 g)
3 Knoblauchzehen
500 g reife Tomaten
5 EL Olivenöl
1 TL Tomatenmark
¼ l trockener Weißwein
2 EL Korinthen
2 EL Pinienkerne, geschält
schwarzer Pfeffer, frisch gemahlen
Salz
3 Zweige frische Minze

Zubereitungszeit: 30 Min.
(+ 24 Std. Einweichen
+ 45 Min. Garen)

Pro Portion: 4400 kJ/1000 kcal

1 Stockfisch in 3–4 Teile schneiden, in eine große Schüssel mit kaltem Wasser legen und ihn mindestens 24 Std. wässern und quellen lassen. Das Wasser mehrmals erneuern.

2 Fisch abtrocknen und Haut und Gräten entfernen, dann in große Würfel schneiden. Zwiebeln und Knoblauch schälen und klein würfeln. Tomaten mit heißem Wasser übergießen, häuten, Stielansätze entfernen und das Fruchtfleisch würfeln.

3 Olivenöl erhitzen und die Zwiebeln glasig braten. Tomaten unterrühren und alles bei mittlerer Hitze etwa 1 Min. schmoren. Tomatenmark in ⅛ l Wasser verrühren und mit Wein, Korinthen, Knoblauch und Pinienkernen unterrühren und aufkochen lassen.

4 Fischstücke unterheben und das Gericht bei schwacher Hitze etwa 45 Min. garen, bis die Sauce sämig wird. Zwischendurch umrühren. Verkocht die Flüssigkeit zu stark, noch ein wenig Wasser dazugeben. Das Gericht mit Pfeffer und sehr wenig Salz abschmecken. Minze abspülen, trockenschütteln, die Blättchen hacken und vor dem Servieren unterrühren.

Getränk: Ein gut gekühlter Retsina paßt am besten dazu.

Variante: Stockfisch-Bällchen
Eingeweichte, ausgedrückte und entgrätete Stockfischstücke in einen flüssigen Teig aus 100 g Mehl, 1 Ei, 1 EL Öl, weißem Pfeffer, Salz nach Geschmack und ⅛ l Wasser tauchen, fritieren, mit Zitrone beträufeln und mit Knoblauchsauce servieren.

Info: Stockfisch ist getrockneter, gesalzener und dadurch haltbar gemachter Fisch, meist Kabeljau. Griechenland bezieht ihn heute hauptsächlich aus Norwegen und Island. Vor dem Einkauf müssen Sie einkalkulieren, daß der Fisch vor der Verwendung 1–2 Tage in reichlich kaltem Wasser eingeweicht werden muß.

Palamut mit Gemüse

Von den Ägäischen Inseln

Palámida plakí

Zutaten für 4 Portionen:
1 kg Palamut als Kotelettstücke
(Bonito, ersatzweise Thunfisch)
200 g Zwiebeln
2 Knoblauchzehen
200 g Kartoffeln, festkochend
200 g Möhren
2 Stangen Bleichsellerie
300 g Tomaten · 5 EL Olivenöl
¼ l trockener Weißwein · Salz
schwarzer Pfeffer, frisch gemahlen
1 Bund Petersilie
Saft von ½ Zitrone
1 unbehandelte Zitrone

Zubereitungszeit: 1 Std.
(+ 20 Min. Garen)

Pro Portion:
3200 kJ/760 kcal

1 Palamut-Stücke abspülen und abtrocknen. Zwiebeln und Knoblauch schälen. Zwiebeln in Ringe, Knoblauch in Scheibchen schneiden. Kartoffeln und Möhren schälen, in mittelgroße Würfel schneiden. Sellerie abspülen, Staudenansatz entfernen und Sellerie kleinschneiden.

2 Tomaten mit heißem Wasser übergießen, häuten, Stielansätze entfernen und das Fruchtfleisch würfeln. Olivenöl in einer großen Bratpfanne mit hohem Rand erhitzen, Zwiebeln und Knoblauch glasig braten. Das übrige Gemüse untermischen und etwa 10 Min. bei mittlerer Hitze unter stetigem Wenden schmoren.

3 Wein dazugießen, alles aufkochen und mit Salz und Pfeffer abschmecken. Die Fischstücke zwischen das Gemüse betten. Petersilie abspülen, trockenschütteln, Blättchen hacken und über Gemüse und Fisch streuen. Mit Zitronensaft beträufeln und zugedeckt bei schwacher Hitze etwa 20 Min. garen. Die Zitrone waschen, vierteln und zum Fisch servieren.

Getränk: Dazu paßt ein Robola, ein fruchtiger trockener Weißweiß von Kefalonia.

Variante: Palamut mit Gemüse und Oliven
Die Fischstücke mit dem vorgegarten Gemüse belegt im Backofen (Mitte) bei 180° (Gas Stufe 2) etwa 35 Min. backen. Etwa 10 Min. vor Garzeitende 100 g entsteinte schwarze Oliven darüber streuen.

Gefüllter Tintenfisch

Aus Athen · Braucht etwas Zeit

Kalamarákia jemistó

Zutaten für 4 Portionen:
4 mittelgroße Tintenfischtuben (-säckchen) mit den Tentakeln, küchenfertig vorbereitet (etwa 700 g)
200 g Zwiebeln · 6 EL Olivenöl
3 EL Pinienkerne
2 EL sehr kleine Korinthen
80 g Langkornreis · Salz
schwarzer Pfeffer, frisch gemahlen
1 TL-Spitze Zimtpulver
1 Prise Piment, gemahlen
1 Zweig frische Minze
¼ l trockener Rotwein
1 Msp. Honig
½ Bund Petersilie
1 Bund Dill
außerdem: Holzstäbchen

Zubereitungszeit: 35 Min. (+ 1 Std. Garen)

Pro Portion: 1500 kJ/360 kcal

1 Tintenfischtentakel von den Tuben abschneiden. Teile mit Augen und die feste Schuppe entfernen. Die Tuben ausspülen und die äußeren rötlichen Häutchen abziehen. Tentakel abspülen und in Stückchen schneiden. Zwiebeln schälen und sehr klein würfeln. 3 EL Olivenöl erhitzen und die Hälfte der Zwiebeln glasig braten. Die Tentakelstückchen dazugeben und kurz mitbraten. Pinienkerne, Korinthen und Reis unterrühren und etwa 1 Min. unter Wenden mitbraten.

2 Etwas Salz, Pfeffer, Zimt und Piment untermischen. Minze abspülen, trockenschütteln, Blättchen fein hacken und dazugeben. So viel Wasser dazugießen, daß alles knapp bedeckt ist. Alles zugedeckt bei schwacher Hitze etwa 15 Min. garen, dann abkühlen lassen. Die Tintenfischsäckchen mit der Reismischung füllen. Die Öffnungen vorsichtig mit Holzstäbchen zustecken.

3 3 EL Olivenöl in einem Topf erhitzen. Die zweite Hälfte der Zwiebeln glasig braten. Rotwein und ¼ l Wasser dazugießen, aufkochen und mit Salz, Honig und Pfeffer würzen. Die gefüllten Tintenfische in den Topf legen und zugedeckt bei schwacher Hitze 50–60 Min. garen, bis man leicht hineinstechen kann. Nach Bedarf noch etwas heißes Wasser unterrühren.

4 Inzwischen Petersilie und Dill abspülen, trockenschütteln und einige Blättchen beiseite legen. Die übrigen Kräuter hacken und etwa 5 Min. vor Ende der Garzeit über die Fische streuen. Die Tintenfische mit den Blättchen garnieren und mit frischem Weißbrot servieren.

Tip! Tintenfische gibt es tiefgekühlt recht preiswert, entweder im Ganzen mit den Tentakeln, oder nur die vorbereiteten Tintenfischsäckchen.

Sardinen aus dem Ofen

Von den Kykladen · Gelingt leicht

Sardélles sto foúrno

Zutaten für 4 Portionen:
1 kg frische Sardinen, möglichst küchenfertig vorbereitet
Salz
5 Knoblauchzehen
2 Bund Petersilie
4 EL Olivenöl
Saft von 1 Zitrone
1 TL getrockneter Oregano
schwarzer Pfeffer, frisch gemahlen

Zubereitungszeit: 20 Min. (+ 20–30 Min. Garen)

Pro Portion: 1600 kJ/380 kcal

1 Falls die Sardinen nicht küchenfertig vorbereitet wurden: vom Schwanz bis zum Kopf mit der stumpfen Seite eines Küchenmesserchens schuppen, ohne die Haut zu verletzen.

2 Köpfe abschneiden. Sardinen am Bauch aufschneiden und die Innereien mit den schwarzen Häutchen an den Bauchlappen entfernen. Die Sardinen innen und außen kalt abspülen, mit Küchenpapier abtrocknen.

3 Backofen auf 180° (Gas Stufe 2) vorheizen. Sardinen innen leicht mit Salz bestreuen und dicht nebeneinander in eine feuerfeste Form legen. Knoblauch schälen und in Scheibchen schneiden. Petersilie abspülen, trockenschütteln und die Blättchen hacken. Die Hälfte mit dem Knoblauch in ein Schüsselchen geben.

4 Öl und Zitronensaft, etwas Salz, Oregano und 1 gute Prise Pfeffer dazugeben, alles gründlich verrühren und über die Fische träufeln. Dann einige Knoblauchscheibchen zwischen die Fische schieben.

5 Form mit den Sardinen in den Ofen (Mitte) schieben und 20–30 Min. – je nach Größe der Fische – garen, bis man mit einer Gabel leicht hineinstechen kann. Mit der restlichen Petersilie bestreuen und mit frischem Weißbrot servieren.

Getränk: Dazu paßt ein trockener Weißwein von der Vulkaninsel Santorin mit seinem charakteristischen Aroma.

Variante: Sardinen aus der Pfanne
Dazu die Sardinen wie beschrieben vorbereiten. Dann 2 Knoblauchzehen schälen und in Stücke schneiden. In einer Pfanne 4 EL Olivenöl erhitzen, den Knoblauch bei mittlerer Hitze glasig braten. Die Sardinen nebeneinander hineinlegen, mit Salz, Pfeffer und 1 Bund gehackter Petersilie bestreuen und mit 3 in Scheiben geschnittenen Tomaten belegen. 1/8 l trockenen Weißwein oder Wasser mit dem Saft von 1/2 Zitrone angießen. Die Fische zugedeckt bei mittlerer Hitze 10–15 Min. schmoren. Pfanne zwischendurch leicht rütteln. Das Gericht mit Brot servieren.

GEMÜSE

Die Gemüse sind die wahren Herrscher der griechischen Küche. Ein Tag ohne sie ist undenkbar. Überziehen Frühling und früher Sommer Land und Inseln mit üppigem Grün, macht der Mensch beiderlei Geschlechts den Ziegen und Schafen Konkurrenz, sucht nach zarten Wildgemüsen, wildwachsenden dünnen Spargeln, nach den kleinen, würzigen Karden, den stacheligen Artischocken-Verwandten, oder nach wilden Zwiebelchen. Bei den Angeboten der Jahreszeiten wird auch auf dem Markt kräftig zugegriffen und in der Küche verschiedenerlei Gemüse auf raffinierte Weise zubereitet und ungewöhnlich kombiniert. Ein köstliches Beispiel sind die Artischocken mit dicken Bohnen und Möhren. Auch lassen sich die meisten Fleischgerichte von einem Gemüse begleiten. Nudeln und Reis, Teigtaschen und Pasteten werden mit Gemüse kombiniert oder gefüllt. Vegetarische Küche hat in Griechenland Tradition. Etwa ein Drittel des Kirchenjahres gilt als Fastenzeit, in der kein Fleisch, im strengen Sinn auch keine Eier und Fische, die bluten, gegessen werden dürfen: Hochsaison für Meeresfrüchte und Tintenfische! Auf dem Land und den Inseln hält man sich auch heute noch weitgehend daran. Doch auch ohne die Fesseln der Tradition würde niemand mehr auf all die wunderbaren, phantasievollen Gemüsegerichte verzichten wollen.

Gemüseauflauf

Von den Ionischen Inseln

Briám

Zutaten für 4 Portionen:
Salz · 300 g mittelgroße Auberginen
200 g Zucchini
200 g Kartoffeln, festkochend
200 g Zwiebeln
2 Knoblauchzehen
250 g frische oder tiefgekühlte grüne Bohnen
300 g reife Tomaten
100 ml Olivenöl
schwarzer Pfeffer, frisch gemahlen
1 Msp. Zucker
½ Bund Petersilie
außerdem: Etwas Feta-Käse

Zubereitungszeit: 1 Std.
(+ 1 Std. Garen)

Pro Portion: 1400 kJ/330 kcal

1 In eine Schüssel 2 EL Salz und kaltes Wasser geben. Auberginen von den Stielansätzen befreien, in ½ cm dicke Scheiben schneiden und in das Wasser legen. Zucchini von Stiel- und Blütenansätzen befreien, abspülen und in ½ cm dicke Scheiben schneiden.

2 Kartoffeln und Zwiebeln schälen und in dünne Scheiben schneiden, Knoblauch schälen und fein hacken, Bohnen abspülen, Fäden abziehen und in 3–4 cm lange Stücke schneiden. Tomaten waschen, in Scheiben schneiden und Stielansätze entfernen.

3 Backofen auf 180° (Gas Stufe 2) vorheizen. Auberginenscheiben abtropfen lassen, mit Küchenpapier trockentupfen. Olivenöl in einer Pfanne erhitzen und die Auberginen von beiden Seiten bei starker Hitze hellbraun braten. Herausnehmen und die Scheiben in ein Sieb drücken, Öl abtropfen lassen und auffangen.

4 Scheiben in eine Auflaufform schichten, darüber das vorbereitete Gemüse legen. Jede Schicht leicht mit Salz, Pfeffer und Zucker bestreuen und obenauf mit Tomatenscheiben abdecken.

5 Das aufgefangene Öl mit ⅛ l heißem Wasser verrühren und über das Gemüse gießen. Den Auflauf mit Alufolie abdecken, im Backofen (Mitte) etwa 30 Min. garen. Folie abnehmen und noch mal 30 Min. offen garen. Dann Petersilie hacken und über den Auflauf streuen. Mit Scheibchen von Feta-Käse und frischem Brot servieren.

Gefülltes Gemüse

Vom Festland · Braucht etwas Zeit

Domátes ke piperiés jemistés

Zutaten für 4 Portionen:
4 große Fleischtomaten (etwa 600 g)
4 große grüne oder rote Paprikaschoten (etwa 500 g)
Zucker · Salz
schwarzer Pfeffer, frisch gemahlen
80 g Langkornreis
1 große Zwiebel · 8 EL Olivenöl
300 g Rinderhackfleisch
1 Msp. Pimentpulver
½ Bund Petersilie
2 Zweige frische Minze
400 g Kartoffeln, festkochend
3 EL Tomatenmark

Zubereitungszeit: 1 Std. (+ 1 Std. Garen)

Pro Portion: 2100 kJ/500 kcal

1 Tomaten und Paprikaschoten waschen und von allen einen Deckel abschneiden. Tomaten mit einem Löffelchen aushöhlen und das Innere aufheben. Die Paprikaschoten putzen und ausspülen. In die Tomaten etwas Zucker, Salz und Pfeffer, in die Schoten etwas Salz und Pfeffer streuen.

2 Reis mit lauwarmem Wasser knapp bedeckt etwa 15 Min. vorquellen lassen. Inzwischen Zwiebel schälen und sehr fein würfeln, dann 4 EL Olivenöl in einem Bräter erhitzen und die Zwiebel bei mittlerer Hitze glasig braten. Hackfleisch untermischen, fein zerkleinern und anbraten, bis der Fleischsaft verdampft ist. Das Tomateninnere hacken und untermischen.

3 Die Mischung mit Salz, Pfeffer und Piment würzen. Reis abgießen, mit ⅛ l Wasser unter das Hackfleisch rühren und bei schwacher Hitze zugedeckt etwa 10 Min. vorgaren.

4 Inzwischen Backofen auf 180° (Gas Stufe 2) vorheizen. Kräuter fein hacken und unter Reis und Fleisch rühren. Tomaten und Paprikaschoten mit der Mischung füllen, Deckel aufsetzen und nebeneinander in eine Form stellen.

5 Kartoffeln schälen und in dicke Stifte schneiden, zwischen das Gemüse legen. Tomatenmark mit 4 EL Olivenöl und ¼ l heißem Wasser verrühren, zum Gemüse gießen und dieses im Backofen (Mitte) etwa 1 Std. garen. In der Form servieren.

Artischocken mit Bohnen

Von Kreta · Braucht etwas Zeit

Anginàres me koukiá

Zutaten für 4 Portionen:
4 mittelgroße Artischocken (etwa 600 g)
1 Zitrone
500 g junge, zarte dicke Bohnen
300 g Möhren
300 g Kartoffeln, festkochend
1 Fenchelknolle mit viel Grün
1 mittelgroße Zwiebel
4 EL Olivenöl
Salz
schwarzer Pfeffer, frisch gemahlen
Saft von 1 Zitrone
3 Eigelb

Zubereitungszeit: 45 Min. (+ 1 Std. Garen)

Pro Portion: 1200 kJ/290 kcal

1 Artischocken abspülen, harte Blätter und Blattspitzen abschneiden. Das Heu in der Mitte ausschaben. Stiele dünn abschälen. Artischocken mit Zitrone einreiben, in kochendem Wasser 20–25 Min. vorgaren, abtropfen und abkühlen lassen, in Scheiben schneiden.

2 Dicke Bohnen abspülen, Stiele abschneiden und die Fäden abziehen. Aus den großen Schoten die Kerne entnehmen, die kleinen Schoten ganz verwenden. Möhren und Kartoffeln schälen und in große Stücke schneiden.

3 Fenchelknolle abspülen, das Grün abschneiden und aufheben, faserige Teile entfernen. Die Knolle auf dem Gurkenhobel in feine Streifen schneiden. Das Gemüse in 1 l kochendem Wasser etwa 15 Min. vorkochen, in ein Sieb gießen. Das Gemüsewasser aufheben.

4 Zwiebel schälen und würfeln. Öl in einem großen Topf erhitzen und die Zwiebel glasig dünsten. Artischocken mit dem Gemüse vorsichtig unterheben und bei mittlerer Hitze etwa 2 Min. schmoren. Dann ½ l Gemüsewasser dazugeben und etwa 8 Min. dünsten.

5 Das Gemüse mit Salz und Pfeffer abschmecken und beiseite stellen. Zitronensaft und Eigelb verquirlen, unter das leicht abgekühlte Gemüse mischen, unter Rühren erneut erhitzen, bis die Sauce dicklich wird, aber nicht mehr kochen, da sie sonst gerinnt. Mit Fenchelgrün garniert servieren.

Artischocken-Spinat-Auflauf

Aus Athen · Gelingt leicht

Anginàres me spanáki sto fóurno

Zutaten für 4 Portionen:
8 kleine, längliche Artischocken (etwa 800 g)
Saft von 1 Zitrone
1 kg frischer Blattspinat
80 g Butter und Butter für die Form
Salz · 200 g gekochter Schinken
200 g Graviéra-Käse
1 gehäufter EL Mehl · ¼ l Milch
schwarzer Pfeffer, frisch gemahlen
1 Ei · 100 g Kefalotiri-Käse, gerieben (ersatzweise Parmesan)

Zubereitungszeit: 1¼ Std. (+ 30 Min. Garen)

Pro Portion: 2900 kJ/690 kcal

1 Artischocken abspülen, harte Blätter und Blattspitzen abschneiden. Stiele 2–3 cm stehen lassen, dünn schälen. Das Heu in den Artischocken ausschaben, ausspülen. Zitronensaft mit 3 l Wasser aufkochen. Artischocken zugedeckt bei mittlerer Hitze 15–20 Min. garen. Zum Abkühlen in ein Sieb geben.

2 Spinat waschen und in etwa 1 cm breite Streifen schneiden. Artischocken halbieren. Eine Auflaufform einfetten. 40 g Butter in der Pfanne stark erhitzen, Artischocken anbraten, dann in die Form legen, leicht salzen. Spinat in der restlichen Butter in der Pfanne bei starker Hitze anbraten, etwas salzen. Schinken und Graviéra-Käse fein würfeln, die Hälfte auf die Artischocken streuen, Spinat darauf verteilen, den restlichen Schinken und Käse überstreuen.

3 Backofen auf 225° (Gas Stufe 3) vorheizen. 40 g Butter in einer Kasserolle erhitzen, Mehl einrühren, kurz anschwitzen. Milch unterrühren, bei starker Hitze aufkochen, bis die Sauce dick wird. Topf beiseite ziehen. Sauce mit Salz und Pfeffer abschmecken. Ei verquirlen und unterrühren. Sauce auf dem Gericht verteilen, alles mit Kefalotiri-Käse bestreuen und 20–30 Min. im Ofen (Mitte) backen.

Musaká

Vom Festland · Braucht etwas Zeit

Auflauf mit Auberginen

Zutaten für 4–6 Portionen:
800 g Auberginen
Salz · 1/4 l Olivenöl
200 g Zwiebeln · 600 g Tomaten
600 g Rinderhackfleisch
1/4 l trockener Weißwein
1/4 TL Zucker · 1/2 TL Zimtpulver
schwarzer Pfeffer, frisch gemahlen
1 kleiner Zweig frischer oder 1 TL getrockneter Oregano
1 Bund Petersilie · 100 g Paniermehl
100 g Graviéra-Käse, gerieben (ersatzweise Parmesan)
40 g Butter und Butter für die Form
4 EL Mehl · 3/4 l Milch
Muskatnuß, frisch gerieben
2 TL Zitronensaft · 3 Eier

Zubereitungszeit: 1 Std. (+ 20 Min. Marinieren + 1 Std. Garen)

Bei 6 Portionen pro Portion: 4100 kJ/980 kcal

1 Auberginen abspülen, Stielansätze entfernen und das Gemüse in etwa 1/2 cm dicke Längsscheiben schneiden. Etwa 20 Min. in gesalzenem kaltem Wasser ziehen, dann abtropfen lassen und mit Küchenpapier trockentupfen.

2 3–4 EL Olivenöl in einer großen beschichteten Pfanne erhitzen, nach und nach die Auberginenscheiben unter Zugabe von weiterem Öl bei starker Hitze von beiden Seiten hellbraun braten. Die Scheiben auf Küchenpapier entfetten.

3 Zwiebeln schälen und würfeln. Tomaten mit heißem Wasser übergießen, häuten, Stielansätze entfernen und das Fruchtfleisch würfeln. Im restlichen Öl in der Pfanne Zwiebeln glasig dünsten, Hackfleisch untermischen, zerkleinern und bei starker Hitze braten, bis der Saft verdampft ist.

4 Tomaten, Weißwein, Salz, Zucker, Zimtpulver und Pfeffer unterrühren, bei mittlerer Hitze zugedeckt etwa 5 Min. schmoren. Die Kräuter abspülen, trockenschütteln, Blättchen abzupfen, hacken und untermischen. Fleisch weitere 5 Min. schmoren und dann abkühlen lassen.

5 Backofen auf 180° (Gas Stufe 2) vorheizen. Paniermehl bis auf 2 EL und die Hälfte vom Käse unter das Hackfleisch mischen.

6 Butter in einer Kasserolle erhitzen, Mehl unterrühren und anschwitzen. Milch langsam einrühren und aufkochen. Gut 5 Min. unter Rühren bei schwacher Hitze kochen, mit Salz, Pfeffer, Muskat und Zitronensaft abschmecken, etwas abkühlen lassen.

7 2 Eier verquirlen, mit dem restlichen Käse in die Sauce rühren. Eine Auflaufform mit Butter einpinseln, mit Paniermehl ausstreuen. 1 Ei unter das Hackfleisch mischen. Die Form mit der Hälfte der Auberginenscheiben auslegen. Das Hackfleisch darauf streichen, mit den restlichen Auberginen belegen und mit der Sauce bedecken. Im Backofen (Mitte) etwa 1 Std. backen, dann in Quadrate schneiden und sofort servieren.

Getränk: Ein kräftiger roter Rapsani von den Vorbergen des Olymp schmeckt am besten dazu.

Tip! Der Auflauf kann auch mit anderen Gemüsesorten wie Zucchini, Tomaten, Kartoffeln und grünen Bohnen zubereitet werden. Zucchini- und Kartoffelscheiben müssen vorher angebraten und die Bohnen blanchiert werden.

FLEISCH

Ostersonntag, das ist der Tag des Lamms und des Zickleins. Zwischen Olivenbäumen kräuselt Rauch in den blankblauen Himmel. Über der glühenden Holzkohle dreht sich der Spieß mit dem Festtagsbraten, und voll froher Erwartung genießt die Picknick-Gesellschaft den Duft von brutzelndem Fleisch und würzigen Kräutern. In den kargen südlichen Landschaften, die nur eine begrenzte Menge von genügsamen Ziegen und Schafen verkraften, besitzt Fleisch einen besonderen Stellenwert. So bleibt der üppige Fleischtopf oder der große Braten auch in Griechenland hauptsächlich Sonn- und Festtagen vorbehalten. In der Woche begnügt man sich mit Eintopfgerichten aus Fleischwürfeln und Gemüse oder Nudeln und Mahlzeiten mit Hackfleisch, was die vielen Zubereitungsarten erklärt. Kalb, Huhn und Kaninchen sind neben Lamm und Ziege die beliebtesten Fleischlieferanten. Gerne werden auch Innereien wie Leber, Nieren, Herz und Hammelhoden verwertet, sogar Lammdärme, in kleinen Stücken zu Knoten gebunden und so mit Zwiebeln gegart. Diese für westeuropäische Zungen doch recht exotischen Gerichte sollte man, um auf den Geschmack zu kommen, erst einmal im Land probieren. Bei den Rezepten in diesem Buch wurde darauf verzichtet, zumal die Auswahl aus dem großen Angebot der Fleischspezialitäten an sich schon schwer fällt, weil alle so gut schmecken.

Stifádo

Aus Zentralgriechenland

Schmortopf

Zutaten für 4 Portionen:
800 g Kalbfleisch (Schulter oder Nacken)
3/8 l Rotwein · 2 Lorbeerblätter
1 Stück Zimtstange
2 Gewürznelken
800 g Schalotten
4 Knoblauchzehen
300 g Fleischtomaten · 6 EL Olivenöl
½ TL Zucker · Salz
schwarzer Pfeffer, frisch gemahlen

Zubereitungszeit: 1 Std. (+ 12 Std. Marinieren + 1 Std. Garen)

Pro Portion: 1900 kJ/450 kcal

1 Kalbfleisch in etwa 5 cm große Würfel schneiden, in einer Schüssel mit Rotwein begießen, Lorbeer, Zimt und Nelken hinzufügen. Fleisch im Kühlschrank über Nacht marinieren.

2 Am nächsten Tag Schalotten und Knoblauch schälen. Tomaten häuten, Stielansätze entfernen und das Fruchtfleisch würfeln. Fleisch abtropfen lassen, Wein und Gewürze aufheben.

3 Olivenöl erhitzen und das Fleisch bei starker Hitze portionsweise rundum anbraten, dann herausnehmen. Im Bratfett Schalotten und Knoblauch glasig dünsten. Tomaten untermischen und alles 2–3 Min. schmoren.

4 Das Fleisch mit dem ausgetretenen Saft zurück in den Topf geben, Wein und Gewürze hinzufügen, alles mit Zucker, Salz und reichlich Pfeffer würzen.
Das Fleisch zugedeckt 1–1¼ Std. bei schwacher Hitze schmoren. Zwischendurch vorsichtig umrühren, damit die Schalotten ganz bleiben. Nach Bedarf etwas Wasser nachgießen. Stifádo abschmecken und servieren.

Tip! Hase oder Kaninchen eignen sich für diese Zubereitungsart ebenfalls.

Getränk: Dazu paßt ein roter Cava Armanti von Kreta.

Smyrna-Würstchen

Aus Athen · Deftig

Soutsoukákia Smyrnáika

Zutaten für 4 Portionen:
400 g reife Tomaten
5 EL Olivenöl · Salz
½ TL Zucker
schwarzer Pfeffer, frisch gemahlen
½ TL scharfes Paprikapulver
3 EL Rotwein
500 g Rinderhackfleisch
1 trockenes Brötchen
1 Zwiebel · 1 Knoblauchzehe
½ Bund glatte Petersilie
1 Ei · 1 EL Mehl
1 kleiner Zweig frischer Thymian

Zubereitungszeit: 45 Min.

Pro Portion: 1700 kJ/400 kcal

1 Für die Sauce Tomaten mit heißem Wasser übergießen, häuten, Stielansätze entfernen und Fruchtfleisch würfeln. In einer Kasserolle 2 EL Olivenöl erhitzen, Tomaten bei mittlerer Hitze anschmoren. Salz, Zucker, Pfeffer, Paprikapulver und Rotwein unterrühren und zugedeckt etwa 15 Min. bei schwacher Hitze köcheln lassen.

2 Hackfleisch in eine Schüssel geben. Brötchen in Wasser einweichen. Zwiebel und Knoblauch schälen, sehr klein würfeln und zum Fleisch geben. Petersilie abspülen, fein hacken und dazugeben. Brötchen ausdrücken, mit Ei, Salz und 1 Prise Pfeffer dazugeben. Alles gründlich verkneten.

3 Aus je 1 gehäuften EL Fleisch Bällchen formen. Mehl auf einen Teller sieben, die Bällchen darin wenden.
3 EL Olivenöl in der Pfanne erhitzen. Die Bällchen darin braun braten. Sauce nach Bedarf mit etwas Wasser verlängern, aufkochen, Thymianblättchen unterrühren. Bällchen 8–10 Min. in der Sauce ziehen lassen, mit Brot servieren.

Variante: Fleischbällchen
Für die »Keftédes« Hackfleisch zusätzlich mit 8 Blättchen frischer, gehackter oder ½ TL getrockneter Minze, 1 EL Ouzo und 1 gehäuften EL geriebenem Kefalotiri-Käse verkneten, aus je 1 TL Hackfleisch Bällchen formen, diese in Mehl wenden und in Olivenöl ausbacken.

Lamm aus dem Ofen

Vom Peloponnes · Deftig

Arni sto fóurno

Zutaten für 4–5 Portionen:
1 Lammkeule (1½–2 kg)
Saft von 1½ Zitronen
Salz
schwarzer Pfeffer, frisch gemahlen
1 kleiner Zweig frischer Rosmarin
4 Knoblauchzehen
1 kg Kartoffeln, festkochend
75 ml Olivenöl (ersatzweise 75 g flüssige Butter)
2 Zweige frischer oder 1 TL getrockneter Thymian
2 Zweige frische oder 1 knapper TL getrocknete Minze

Zubereitungszeit: 30 Min. (+ 2 Std. Garen)

Bei 5 Portionen pro Portion: 3100 kJ/740 kcal

1 Von der Lammkeule das Fett bis auf eine dünne Schicht abschneiden. Das Fleisch abspülen und abtrocknen. Lammkeule in die Fettpfanne legen, rundum mit etwas Zitronensaft einreiben und leicht mit Salz und Pfeffer bestreuen. Rosmarinzweig abspülen und unter die Keule schieben.

2 Den Backofen auf 180° (Gas Stufe 2) vorheizen. Knoblauchzehen schälen und in lange, dünne Stifte schneiden. Mit einem spitzen Küchenmesser das Fleisch rundum mehrmals einstechen und die Knoblauchstifte hineinstecken.

3 Kartoffeln schälen, waschen, längs halbieren und um die Lammkeule legen. Mit Salz und Pfeffer bestreuen und mit dem restlichen Zitronensaft beträufeln. Olivenöl über Keule und Kartoffeln gießen. 1 Tasse heißes Wasser in die Fettpfanne geben.

4 Die Keule mit den Kartoffeln im Ofen (Mitte) etwa 1 Std. garen. Zwischendurch öfter mit der Flüssigkeit aus der Fettpfanne begießen, nach Bedarf etwas mehr heißes Wasser dazugeben.

5 Nach etwa 1 Std. Fleisch und Kartoffeln umdrehen, in 1 weiteren Std. fertiggaren. Kräuter abspülen, trockenschütteln, die Blättchen hacken und etwa 10 Min. vor dem Ende der Garzeit über Fleisch und Kartoffeln streuen. Mit in Butter gedünsteten grünen Bohnen oder Spinat servieren.

Getränk: Dazu paßt ein roter Nemea vom Peloponnes.

Huhn mit Okraschoten

Aus Zentralgriechenland

Kotópoulo me bámies

Zutaten für 4 Portionen:
1 küchenfertiges Brathuhn (etwa 1,2 kg)
Salz
schwarzer Pfeffer, frisch gemahlen
100 g Frühlingszwiebeln
400 g Tomaten
600 g möglichst kleine Okraschoten (eßbarer Eibisch)
2 EL Weinessig
4 EL Olivenöl
1/8 l trockener Weißwein

Zubereitungszeit: 40 Min. (+ 40 Min. Garen)

Pro Portion: 2300 kJ/550 kcal

1 Das Huhn außen und innen kalt abspülen, mit Küchenpapier abtrockenen und in 8 Teile schneiden. Diese leicht mit Salz und Pfeffer einreiben.

2 Zwiebeln putzen, abspülen und in kurze Stücke schneiden. Tomaten mit heißem Wasser übergießen, häuten und Fruchtfleisch würfeln. Bei den Okraschoten die Kappen spitz zuschneiden, ohne das Fruchtfleisch zu verletzen. Kaltes Wasser mit Essig in eine Schüssel geben und die Okraschoten hineinlegen.

3 In einer Pfanne mit hohem Rand und Deckel Olivenöl stark erhitzen, Huhnteile rundum goldbraun anbraten, herausnehmen. Zwiebel glasig braten, Tomaten 1/2 Min. mitschmoren. Wein und 1/4 l Wasser unterrühren und aufkochen. Sauce mit Salz und Pfeffer abschmecken und die Hühnchenteile darin verteilen. Zugedeckt bei mittlerer Hitze etwa 20 Min. dünsten.

4 Kocht die Sauce zu stark ein, noch 1/8 l heißes Wasser unterrühren. Sauce abschmecken, Okraschoten abtropfen lassen und vorsichtig zwischen die Hühnchenteile betten, so daß sie mit Sauce bedeckt sind.

5 Die Schoten bei schwacher Hitze etwa 20 Min. mitdünsten. Gericht nicht umrühren, sonst wird die Sauce schleimig. Zwischendurch Pfanne nur leicht rütteln. Das Gericht mit frischem Weißbrot servieren.

Huhn mit Oliven

Von Peloponnes · Gelingt leicht

Kotópoulo me eliés

Zutaten für 4 Portionen:
1 Brathuhn, küchenfertig vorbereitet (etwa 1, 2 kg)
600 g rote Paprikaschoten
200 g Zwiebeln · 2 Knoblauchzehen
200 g Tomaten
100 g schwarze Oliven
6 EL Olivenöl · 125 ml Rotwein
3 Zweige frischer Thymian · Salz
schwarzer Pfeffer, frisch gemahlen

Zubereitungszeit: 30 Min. (+ 45 Min. Garen)

Pro Portion: 2800 kJ/670 kcal

1 Huhn abspülen, abtrocknen und in Portionsstücke teilen. Paprikaschoten putzen, ausspülen und in große Stücke schneiden. Zwiebeln und Knoblauch schälen und fein würfeln. Tomaten mit heißem Wasser übergießen, häuten, Stielansätze entfernen und das Fruchtfleisch würfeln. Oliven abtropfen lassen.

2 In einem Bräter Öl erhitzen. Hühnchenteile bei starker Hitze rundum braun anbraten, dann aus dem Topf nehmen. Paprikaschoten, Zwiebeln und Knoblauch bei mittlerer Hitze etwa 2 Min. im Öl braten. Tomaten und Oliven kurz mitschmoren.

3 Wein und ⅛ l Wasser unterrühren. Thymianzweige, Salz und 1 gute Prise Pfeffer hinzufügen. Hühnchenteile in den Bräter geben, bei schwacher Hitze etwa 45 Min. garen, abschmecken und mit Reis oder Brot servieren.

Getränke: Roter Demestika paßt am besten dazu.

Oliven werden in den Herbst- und Wintermonaten geerntet.

Oliven

Oliven sind in Griechenland fast ein Grundnahrungsmittel, sie begleiten den Imbiß, schmücken den Salat und finden sich in vielen Gerichten. Auch zu Oúzo oder Wein werden Oliven serviert. Zur Wahl stehen viele Sorten, die man sich am Marktstand oder im Latháthika, im Olivengeschäft, aussuchen kann. Berühmt wegen seiner großen Auswahl ist in Athen der Laden von Papalexandrís in der Sofokléous Straße nahe dem Omónia Platz. Von Attika stammen die Tsakistés, die aufgebrochenen, säuerlich eingelegten grünen Oliven; von Amfissa im Hinterland des Korinthischen Golfs und Agrínio unweit der Ionischen Küste kommen besonders große Früchte. Die feinsten schwarzen Oliven kommen von Aráchova am Berg Parnasós und von Kalamata auf dem Peloponnes. Throúmbes heißen die ganz reifen, runzeligen Früchte, wobei die von den Inseln Samos und Kreta sehr gefragt sind. Die Ernte beginnt im Herbst mit den grünen, noch unreifen Oliven, gefolgt von halbreifen lila und den reifen schwarzen, die im Winter geerntet werden. Auf dem Land legt man die Früchte noch selber ein. Dazu werden die Oliven 3–4 Tage gewässert und das Wasser täglich erneuert. Dann wird im Wasser so viel Salz aufgelöst, bis ein ganzes, rohes Ei darin schwimmt. Die Oliven legt man 4–6 Wochen darin ein und erneuert das Salzwasser wöchentlich. Zuletzt werden die Oliven in Olivenöl mit Zitronensaft, nach Geschmack mit Thymian und Knoblauch, eingelegt.

Kalbfleisch mit Quitten

Von den Dodekanes-Inseln

Moscári me kidónia

Zutaten für 4 Portionen:
800 g Kalbfleisch, leicht durchwachsen
1 mittelgroße Zwiebel
800 g reife Quitten · 6 EL Olivenöl
1 knapper EL Zucker
1 Msp. Kreuzkümmel, gemahlen
1 Stückchen Zimtstange · Salz
schwarzer Pfeffer, frisch gemahlen
100 ml Orangensaft
1 Stückchen Schale von 1 unbehandelten Orange
1 Zweig frische Minze

Zubereitungszeit: 30 Min. (+ 30–40 Min. Garen)

Pro Portion: 1700 kJ/400 kcal

1 Fleisch abspülen, abtrocknen und in etwa 3 cm große Würfel schneiden. Zwiebel schälen und klein würfeln. Quitten schälen und das Fruchtfleisch rund um das Kerngehäuse in Stücken abschneiden.

2 In einem Bräter 3 EL Olivenöl erhitzen, Quitten hineingeben, Zucker überstreuen und bei starker Hitze unter Rühren die Quitten anschmoren und leicht karamelisieren lassen. 300 ml Wasser dazugießen, aufkochen und dann beiseite stellen.

3 In einer Pfanne 3 EL Olivenöl erhitzen, Fleisch und Zwiebeln bei starker Hitze rundum anbraten. Kreuzkümmel, Zimt, Salz und 1 gute Prise Pfeffer untermischen und kurz mitbraten.

4 Orangensaft über das Fleisch gießen, aufkochen und alles unter die Quitten mischen. Das Gericht bei schwacher Hitze zugedeckt 30–40 Min. schmoren, nach Bedarf noch ein wenig Wasser unterrühren. Fleisch und Quitten mit Salz abschmecken. Orangenschale in dünne Streifchen schneiden, Minzeblättchen abspülen das Gericht mit beiden garnieren. Mit Brot oder Reis servieren.

Getränk: Ein halbtrockener weißer Vin de Prince von Kreta paßt gut dazu.

Tip! Auch Huhn, Schweine- oder Lammfleisch schmeckt, mit Quitten gegart, köstlich.

Ragout mit Sellerie

Aus Zentralgriechenland

Chirinó me sélino

Zutaten für 4 Portionen:
200 g Zwiebeln
800 g Schweinegulasch
40 g Butterschmalz
1 Bund Petersilie
¼ l trockener Weißwein · Salz
schwarzer Pfeffer, frisch gemahlen
700 g möglichst kleiner Knollensellerie
2 Eier · Saft von 1 Zitrone

Zubereitungszeit: 30 Min. (+ 1¼ Std. Garen)

Pro Portion: 3200 kJ/760 kcal

1 Zwiebeln schälen und würfeln. Das Fleisch im heißen Schmalz bei starker Hitze rundum anbraten, den Fleischsaft verdampfen lassen. Zwiebeln hinzufügen und glasig braten.

2 Petersilie abspülen, trockenschütteln und die Blättchen hacken. Mit Wein sowie ⅜ l heißem Wasser unter das Fleisch rühren und aufkochen. Das Fleisch mit Salz und Pfeffer würzen und zugedeckt bei schwacher Hitze etwa 45 Min. köcheln.

3 Sellerie schälen und in mittelgroße Würfel schneiden. Nach den 45 Min. unter das Fleisch rühren. ⅛ l heißes Wasser hinzugeben und etwa 30 Min. weitergaren. Topf von der Kochstelle nehmen. Eier mit Zitronensaft verquirlen, 4–5 EL voll heißer Sauce hineinrühren. Die Mischung unter das Gericht rühren und erneut unter Rühren erwärmen, doch nicht mehr aufkochen. Mit Weißbrot servieren.

Getränk: Ein trockener weißer Landwein von Attika, ein Kourtaki, schmeckt sehr gut dazu.

Schweinefleisch mit Bohnen

Ganz Griechenland · Gelingt leicht

Chirinó me gígantes

Zutaten für 4 Portionen:
250 g große, weiße Bohnenkerne
600 g nicht zu mageres
Schweinefleisch aus dem Schlegel
1 mittelgroße Zwiebel
300 g Tomaten
30 g Butter
1 EL Tomatenmark
Salz
schwarzer Pfeffer, frisch gemahlen
2 Zweige frischer oder
1 TL getrockneter Thymian
1 Bund Petersilie

Zubereitungszeit: 20 Min.
(+ 12 Std. Einweichen
+1½ Std. Garen)

Pro Portion: 2800 kJ/670 kcal

1 Die Bohnen am Vorabend in einem Sieb abspülen, in einer Schüssel mit reichlich Wasser über Nacht quellen lassen.

2 Schweinefleisch kalt abspülen, abtrocknen und in Würfel von 3–4 cm schneiden. Zwiebel schälen und fein würfeln. Tomaten mit heißem Wasser übergießen, häuten, halbieren, Stielansätze herausschneiden und das Fruchtfleisch würfeln.

3 Die gequollenen Bohnen in ein Sieb geben, mit frischem kaltem Wasser bedeckt offen aufkochen. Schaum abschöpfen. Bohnen bei schwacher Hitze zugedeckt etwa 45 Min. vorgaren.

4 Währenddessen Butter in einem Extra-Topf erhitzen, Fleischwürfel bei starker Hitze rundum hellbraun anbraten. Auf mittlere Hitze schalten. Zwiebel hinzufügen und glasig braten. Tomaten unterrühren und ½ Min. mitschmoren. Tomatenmark in ⅜ l Wasser verrühren, mit Salz und 1 guten Prise Pfeffer zugeben. Thymianblättchen abzupfen, unterrühren. Alles bei schwacher Hitze etwa 20 Min. garen.

5 Bohnen mit dem Schaumlöffel aus der Kochflüssigkeit heben, unter das Fleisch rühren und das Gericht in 30–45 Min. fertiggaren. Etwa 10 Min. vor Garzeitende Petersilie abspülen, Blätter hacken und unterrühren. Das Gericht abschmecken und mit dunklem Weizenbrot servieren.

Kräuter

Überall in Griechenland findet man Läden und Marktstände, vollgestopft mit unzähligen Kräutern. Die meisten Kräuter verwendet man, wie seit Jahrtausenden, als Heilmittel, nur wenige zum Würzen der Speisen. So hilft Basilikum als Teeaufguß bei Bauchweh. Auf Fensterbänken und Balkonen vertreibt sein Duft die Fliegen. In der Kirche taucht der Pope zum Segnen Basilikumzweige in Weihwasser. Lorbeersträucher wachsen in vielen Hausgärtchen, die Blätter sind unerläßlich zum Würzen von Fisch und Fleisch. In der Antike wurde über dem Rauch schwelender Lorbeerblätter das Orakel befragt. Jedes Kraut in Griechenland hat eine Geschichte. So wird erzählt, daß die Jungfrau Maria ihren Mantel zum Trocknen über Rosmarin ausbreitete. Seine Blüten wurden dadurch himmelblau. Rosmarin würzt Ofen- und Grillgerichte; Minze ist unentbehrlich in Füllungen aus Reis und Käse, wie auch glatte Petersilie und Dill, die in vielen Speisen mitgegart oder zuletzt frisch hinzugefügt werden. Mit Petersilie belohnten die Krieger der »Ilias« sogar ihre Pferde. Sellerie- und Fenchelgrün verfeinern Fisch. Griechenlands Kräuterfavouriten sind jedoch Oregano und Thymian. Sie wachsen fast überall im Freien, und ihren Duft trägt der Wind über Festland und Inseln.

Kräuter werden seit der Antike als Würz- und Heilmittel verwendet.

Kaninchen in Rahmsauce

Aus Nordgriechenland · Gelingt leicht

Kounéli me kaímaki

Zutaten für 4 Portionen:
1 Kaninchen (etwa 1,8 kg), küchenfertig vorbereitet und vom Händler in Portionsstücke geteilt
½ l halbtrockener Weißwein
1 mittelgroße Zwiebel
40 g Butterschmalz · Salz
schwarzer Pfeffer, frisch gemahlen
2 Lorbeerblätter · 2 Gewürznelken
200 g Crème fraîche
1 Bund Petersilie

Zubereitungszeit: 30 Min. (+ 12 Std. Marinieren + 50 Min. Garen)

Pro Portion: 3700 kJ/880 kcal

1 Kaninchenteile abspülen, mit Küchenpapier trockentupfen und in eine Schüssel legen. Wein darüber gießen und das Fleisch über Nacht an einem kühlen Platz zugedeckt marinieren.

2 Am nächsten Tag Zwiebel schälen und würfeln. Kaninchenteile aus dem Wein nehmen, abtropfen lassen und trockentupfen. Butterschmalz erhitzen und Kaninchenteile von allen Seiten bei mittlerer Hitze hellbraun anbraten, mit Salz und Pfeffer bestreuen und auf einen Teller legen.

3 Im verbliebenen Fett die Zwiebel glasig braten. Wein sowie Salz unterrühren, die Kaninchenteile hineinlegen, aufkochen und zugedeckt bei schwacher Hitze etwa 30 Min. schmoren.

4 Gewürze dazugeben und die Crème fraîche unterrühren. Alles noch etwa 20 Min. bei schwacher Hitze schmoren. Das Gericht mit Salz und Pfeffer abschmecken. Petersilie abspülen, trockenschütteln, die Blättchen hacken und vor dem Servieren über das Gericht streuen. Als Beilage Nudeln oder Reis servieren.

Beefsteaks mit Schafkäse

Aus Nordgriechenland · Geht schnell

Biftéki me tiri

Zutaten für 4 Portionen:
500 g mageres Rinderhackfleisch
1 mittelgroße Zwiebel
1 Bund Petersilie
1 TL getrockneter Oregano
½ TL Piment- und Kreuzkümmelpulver
Salz
2 Scheiben Weißbrot vom Vortag
2 Eier
150 g Feta-Käse (Schafkäse)
6 EL Olivenöl

Zubereitungszeit: 45 Min.

Pro Portion: 2100 kJ/500 kcal

1 Hackfleisch in eine Schüssel geben. Zwiebel schälen, fein würfeln und hinzufügen. Petersilie abspülen, trockenschütteln, die Hälfte der Blättchen fein hacken und mit Oregano, Piment, Kreuzkümmel und Salz unterrühren.

2 Brot in Wasser einweichen, ausdrükken, mit den Eiern zum Fleisch geben. Alles miteinander verkneten, bis ein geschmeidiger Teig entstanden ist. Das Fleisch in 8 Portionen teilen. Einen Suppenteller mit kaltem Wasser ausspülen. Je eine Portion in die Vertiefung legen und einen Fladen formen.

3 In die Mitte jeder Hackfleischportion einen Teil Käse geben, eine Fladenhälfte darüber klappen und fest andrücken, damit der Käse beim Braten nicht auslaufen kann.

5 Die Beefsteaks im heißen Olivenöl in der Pfanne je Seite etwa 2 Min. braten, bis sie sich auf Druck mit dem Bratenwender fest anfühlen. Die Steaks mit Petersilie garniert servieren.

Getränke: Dazu passen ein roter Kourtaki oder ein Retsina.

Zicklein in Orangensaft

Von Kreta · Braucht etwas Zeit

Katsitzaki che chímó portokáli

Zutaten für 4 Portionen:
1 kg Zickleinfleisch aus der Keule
3/8 l frisch gepreßter Orangensaft
3 dünne, etwa 4 cm lange Streifen Orangenschale
Saft von ½ Zitrone · 2 Knoblauchzehen
4 Zweige frischer Thymian
200 g Schalotten · 40 g Butterschmalz
Salz · ¼ TL Zucker
schwarzer Pfeffer, frisch gemahlen
3 EL Weinbrand · 250 g Chylopittes
70 g Graviéra-Käse, gerieben

Zubereitungszeit: 30 Min.
(+ 12 Std. Marinieren + 45 Min. Garen)

Pro Portion: 3400 kJ/810 kcal

1 Fleisch abspülen und in etwa 3 cm große Würfel schneiden. In eine Schüssel legen, Orangensaft, -schale und Zitronensaft hinzufügen. Knoblauch schälen, halbieren und mit den Thymianzweigen zwischen das Fleisch legen, zugedeckt im Kühlschrank über Nacht marinieren.

2 Schalotten schälen und längs halbieren oder vierteln. Das Fleisch abtropfen lassen und den Saft aufheben. Orangenschale, Knoblauch und Thymian beiseite legen. Backofen auf 200° (Gas Stufe 3) vorheizen. Schmalz in einem Bräter erhitzen und das Fleisch bei starker Hitze rundum anbraten, den Fleischsaft verdampfen lassen. Knoblauch und Schalotten unterrühren und glasig braten.

3 Marinade und ½ l Wasser dazugießen und aufkochen. Orangenschale, Thymian, Salz, Zucker und Pfeffer unterrühren. Bräter zugedeckt in den Ofen (Mitte) stellen. Nach etwa 15 Min. Backofen auf 180° (Gas Stufe 2) schalten und das Fleisch weitere 15 Min. garen.

4 ½ l heißes Wasser und Weinbrand dazugießen und das Gericht mit Salz und Pfeffer abschmecken. Nudeln unterrühren und zugedeckt im Backofen weitere 15–20 Min. garen, dabei einmal umrühren. Mit Käse zum Überstreuen und Weißbrot servieren.

Brot

Dorfbäckereien mit gewölbten Steinbacköfen und moderne Stadtbäckereien liefern das Brot, das zu jeder griechischen Mahlzeit gehört. Zu den gebräuchlichsten Sorten zählen Fratzóla, längliches, knuspriges Weißbrot, und Karvéli, ovales oder rundes, helles Graubrot mit krosser Kruste. Immer verfügbar ist auch Paximádia, zweimal gebackenes, trockenes Brot. Zu den Festtagen gehören die traditionellen Brote wie Christópsomo, das Weihnachtsbrot, Vasilópitta, das Neujahrsbrot und Lagána, das Fastenbrot aus ungesäuertem Teig, oval, flach, knusprig und mit Sesam bestreut. Es wird 40 Tage vor Ostern, zu Beginn der Fastenzeit gegessen. Lazárapso mit Korinthen und Sesam genießt man am Samstag vor Ostern, Tsourékia zum Osterfest. Das Hochzeitsbrot, verschwenderisch mit Blüten verziert, wird auf Kreta verschenkt und aufbewahrt. Eine besondere Delikatesse ist Eliópsomo, ein mit Olivenstücken gebackenes graues Brot. Prósforo, Kirchenbrot, wird an religiösen Feiertagen vom Priester gesegnet und nach Hause getragen.

Noch heute wird Brot in Griechenland in Steinbacköfen gebacken.

Lammfleischspieße

Ganz Griechenland · Geht schnell

Suwlákia arniú

Zutaten für 4 Portionen:
800 g Lammfleisch aus der Keule
1/8 l Olivenöl · Saft von 1 Zitrone
1/8 l trockener Weißwein · Salz
schwarzer Pfeffer, frisch gemahlen
8 Lorbeerblätter
2 TL getrockneter Oregano
250 g Schalotten
außerdem: 8 Holzspieße

Zubereitungszeit: 30 Min.
(+ 12 Std. Marinieren)

Pro Portion: 3200 kJ/760 kcal

1 Fleisch abspülen, abtrocknen und in etwa 3 cm große Würfel schneiden. Olivenöl mit Zitronensaft, Wein, Salz, Pfeffer, halbierten Lorbeerblättern und 2 TL Oregano vermischen, das Fleisch darin wenden und zugedeckt, möglichst kühl, über Nacht marinieren.

2 Am nächsten Tag Schalotten schälen. Die Fleischwürfel abtropfen lassen und mit den Schalotten auf Grillspieße stecken, so daß sie flachliegend aneinanderstoßen. Die Lorbeerblätter dazwischen stecken.

3 Spieße auf den vorgeheizten Grill legen und von jeder Seite 4–5 Min. grillen, je nach Dicke des Fleisches. Mit Reis servieren.

Getränke: Ein kräftiger roter Landwein oder Retsina passen hervorragend dazu.

Tip! Man kann zwischen die Fleischstücke noch Tomaten- und Spitzpaprikastücke stecken und mitgrillen.

Lamm mit Artischocken

Aus Zentralgriechenland

Arní mé anginâres

Zutaten für 4 Portionen:
8 kleine Artischocken (etwa 1 kg)
Saft von 1½ Zitronen
700 g Lammfleisch aus der Keule
1 mittelgroße Zwiebel
40 g Butter
1 knapper EL Mehl
Salz
schwarzer Pfeffer, frisch gemahlen
½ Bund Petersilie
½ Bund Dill
2 Eier

Zubereitungszeit: 1 Std. (+ 1 Std. Garen)

Pro Portion: 2600 kJ/620 kcal

1 Artischocken abspülen, harte Blätter und Blattspitzen abschneiden. Stiele am Ansatz bis zum zarten Inneren abschälen. Mit einem Teelöffel das Heu in den Artischocken ausschaben und ausspülen, Artischocken in kaltes Wasser mit etwa 6 EL Zitronensaft legen.

2 Fleisch abspülen, abtrocknen und in etwa 3 cm große Würfel schneiden. Zwiebel schälen und fein würfeln. Butter erhitzen und das Fleisch bei mittlerer Hitze anbraten. Zwiebel dazugeben und kurz mitbraten.

3 Mehl überstreuen und unterrühren. So viel Wasser dazugießen, bis das Fleisch knapp bedeckt ist. Unter Rühren aufkochen. Mit Salz, Pfeffer und 2 EL Zitronensaft würzen. Kräuter abspülen, trockenschütteln, Blättchen hacken und die Hälfte davon unter das Fleisch mischen.

4 Artischocken halbieren und auf das Fleisch legen, bei schwacher Hitze 45–60 Min. schmoren, bis alles gar ist. Nach Bedarf noch mehr Wasser dazugießen.

5 Eier und restlichen Zitronensaft verquirlen. Das Gericht leicht abkühlen lassen. Etwas Sauce unter die Eier quirlen und alles in das Gericht rühren. Dieses erneut erhitzen, nicht mehr kochen, sonst gerinnt die Sauce. Kräuter überstreuen und servieren.

Getränk: Dazu paßt ein weißer, trockener St. Helena vom Peloponnes.

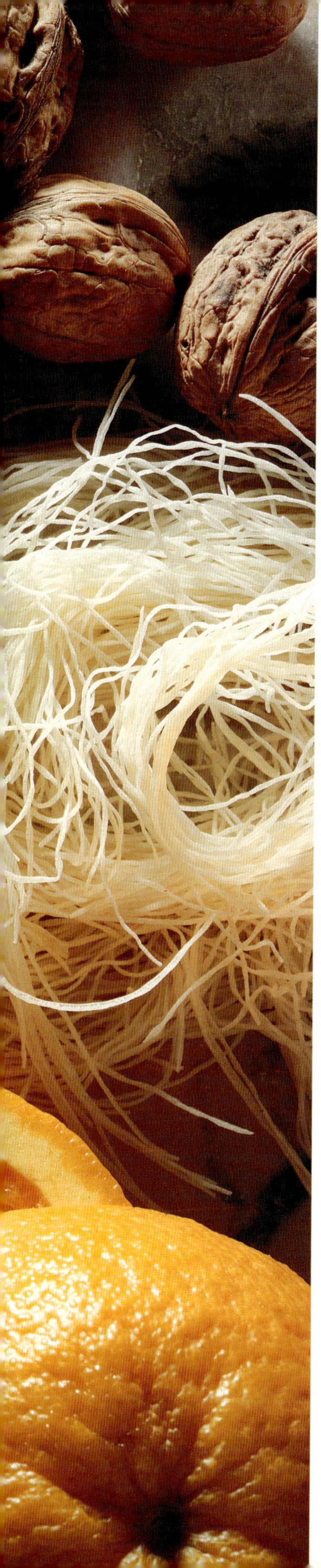

SÜSSES UND GEBÄCK

Süßspeisen und Gebäck spielen in der griechischen Gastlichkeit eine große Rolle. Ob angemeldete Gäste oder Überraschungsbesuch, jede griechische Hausfrau wird nach der Begrüßung etwas Süßes, Kekse oder ein Stück Kuchen als Willkommensgruß anbieten – und sei es auch nur eine der köstlichen Löffelsüßigkeiten wie z.B. Sauerkirschen in Sirup, die sich immer im Vorrat befinden. Traditionell reicht man sie im Glykóthiki, einem Gefäß in Eiform, an dem runde Löffelchen hängen. Süßes als Dessert zu servieren, diese Sitte wurde allein den Feriengästen zuliebe, die es von zu Hause so gewohnt sind, in den großen Hotels der Touristenzentren eingeführt. Nach einem traditionellen griechischen Essen folgt üblicherweise eine verlockend hergerichtete Platte mit den Früchten der Jahreszeit und ein starker Kaffee als Schlußpunkt. Jedoch zum Naschen zwischendurch oder für den kleinen Hunger am späten Abend steht immer etwas Süßes parat. Kuchen und Gebäck begleiten auch die Familienfeste, die kirchlichen Feiertage im Jahreszyklus, und jeder freut sich auf Kourabiédes, auf die nach Orangen oder Rosen duftenden Kekse, die es zu Weihnachten gibt, auf das Neujahrsbrot mit der eingebackenen Münze, auf das Osterbrot mit seinen eingebetteten roten Eiern. Die Vorliebe für Süßigkeiten, für mit Zucker- oder Honigsirup getränktes Gebäck, teilen die Griechen mit ihren Nachbarn im östlichen Mittelmeerraum, wo Europa aufhört und der Orient beginnt.

Käseplätzchen

Von Kreta · Braucht etwas Zeit

Kalizúnia

Zutaten für 40 Stück für 2 große Bleche:
3 Eier · 80 ml Olivenöl
125 g Zucker · 100 g Joghurt
500 g Mehl und Mehl zum Ausrollen
Salz · 1 Päckchen Backpulver
1 Eigelb zum Einpinseln
100 g Sesamsamen zum Bestreuen
Für die Füllung:
700 g Frischkäse, ungesalzen (45% Fett i.Tr., z.B. Ricotta)
150 g Zucker · 2 EL Honig
1 knapper EL Zimtpulver
Butter für das Blech

Zubereitungszeit: 1 Std. (+ 1 Std. Ruhen + 1 Std. Backen)

Pro Stück: 530 kJ/130 kcal

1 Eier, Olivenöl, Zucker und Joghurt mit dem elektrischen Handrührer gründlich verquirlen. Mehl mit Salz und Backpulver vermischen, einen Teil unterrühren, den Rest unterkneten. Den Teig in Frischhaltefolie verpackt etwa 1 Std. ruhen lassen.

2 Inzwischen für die Füllung Frischkäse durch ein Sieb drücken und geschmeidig rühren. Zucker, Honig und Zimt gründlich untermischen. Backofen auf 180° (Gas Stufe 2) vorheizen. Den Teig in 4–5 Teile schneiden. Während ein Teil dünn ausgerollt wird, den anderen Teig wieder einpacken, damit er nicht austrocknet.

3 Mit einem Glas von etwa 10 cm Durchmesser Kreise ausstechen. In die Mitte 1 TL Füllung geben, leicht verstreichen. Zwei Seiten je 2 cm über die Füllung klappen, so daß in der Mitte 2 cm frei bleiben. Die beiden anderen Seiten genauso nach innen klappen, so daß Quadrate entstehen. Auf diese Weise alle Plätzchen formen.

4 Ein großes Backblech einfetten und den ersten Teil der Plätzchen im Abstand von etwa 2 cm darauf legen. Eigelb mit 2 EL Wasser verquirlen, die übergeklappten Teigränder einpinseln und mit Sesam bestreuen. Die in der Mitte sichtbare Käsefüllung bleibt frei. Die Plätzchen im Ofen (Mitte) etwa 30 Min. backen, bis sie sich goldgelb zu färben beginnen. Dann die restlichen Plätzchen genauso backen.

Mandelgebäck

Aus Nordgriechenland · Festlich

Kourabiédes

Zutaten für 8 Portionen, für 40 Stück:
200 g weiche Butter und Butter für das Blech · 150 g Zucker
1 Päckchen Vanillezucker
1 EL Oúzo · 2 Eier
Salz · 375 g Mehl
125 g Mandeln, gemahlen
40 Gewürznelken
4 EL Rosen- oder Orangenblütenwasser
250 g Puderzucker

Zubereitungszeit: 2 Std.

Bei 40 Stücken pro Stück: 450 kJ/110 kcal

1 Butter schmelzen, mit dem Zucker in eine Schüssel geben und schaumig rühren. Vanillezucker, Oúzo, Eier und Salz hinzufügen und gründlich verrühren. Mehl darauf sieben, Mandeln dazugeben und unterrühren, zuletzt unterkneten, bis ein geschmeidiger Teig entstanden ist. Zugedeckt etwa 20 Min. in den Kühlschrank stellen. Den Backofen auf 180° (Gas Stufe 2) vorheizen.

2 Das Backblech mit Butter einfetten. Den Teig zu einer Rolle formen und pflaumengroße Stücke abnehmen. Diese zu ovalen Plätzchen formen und auf das Backblech setzen. Die Oberflächen mit einem Messerrücken leicht abflachen, in jede Mitte eine Gewürznelke stecken. Plätzchen im Ofen (Mitte) etwa 20 Min. backen, bis sie leicht Farbe annehmen.

3 Die noch warmen Plätzchen mit Rosen- oder Orangenblütenwasser leicht einpinseln. Reichlich Puderzucker auf einen tiefen Teller geben, die Plätzchen darin wenden, so daß sie damit dick bedeckt sind. Zucker leicht andrücken und die Plätzchen auf eine Platte legen.

Info: Rosen- und Orangenblütenwasser können Sie in griechischen Spezialitätengeschäften kaufen.

Liebesschleifen

Von den Ägäis-Inseln

Díples

Zutaten für 4 Portionen:
4 Eier
2 cl Oúzo
Saft von ½ Zitrone
½ TL Natron
500 g Mehl und Mehl zum Ausrollen
150 g Zucker
3 EL Honig
1 Stück Zimtstange
Sonnenblumenöl zum Fritieren
150 g Walnüsse, fein gehackt

Zubereitungszeit: 2 Std.
(+ 1 Std. Ruhen)

Pro Portion: 3700 kJ/880 kcal

1 Eier mit Oúzo, Zitronensaft und Natron in einer Schüssel mit dem elektrischen Handrührer oder Schneebesen etwa 2 Min. kräftig durchrühren. Nach und nach das gesiebte Mehl unterrühren, bis der Teig fest wird. Dann den Rest unterkneten, bis ein elastischer Teig entstanden ist. Teig zu einer Kugel formen und in Folie gewickelt etwa 1 Std. im Kühlschrank ruhen lassen.

2 Zucker und Honig mit ¾ l Wasser und dem Stück Zimtstange in einem Topf aufkochen und bei mittlerer Hitze 7–8 Min. kochen, bis ein dünnflüssiger Sirup entstanden ist. Den Topf beiseite stellen.

3 Den Teig in 4 Teile schneiden. Jeden Teil sehr dünn ausrollen und mit dem Zickzack-Rädchen Rechtecke von etwa 6 x 3 cm ausschneiden. Diese in der Mitte zu kleinen Schleifchen zusammendrücken.

4 Öl im Fritiertopf oder etwa 6 cm hoch in einer kleinen Pfanne erhitzen, bis an einem hineingehaltenen Hölzchen Bläschen hochsteigen. Vorsicht, Spritzgefahr! Die Schleifchen im Öl goldbraun ausbacken. Dann kurz auf einem Backgitter abtropfen lassen, heiß in den kalten Sirup tauchen, auf eine Platte legen und mit Walnüssen bestreut servieren.

Tip! Das Gebäck schmeckt warm am besten und kommt auch auf einer Kinderparty gut an.

Honig

Auf dem Festland wie auf den Inseln, überall sieht man pastellfarbene Bienenkästen aneinandergereiht auf den Hügeln, in Obstgärten und auf den Lichtungen der Pinienhaine stehen. Sie sind fester Bestandteil der griechischen Landschaft. Jede Kolonie produziert ihre besondere Spezialität, je nachdem, was die sammelnden Bienen vorfinden. Für den dunklen, kräftig schmeckenden Pinienhonig aus den waldreichen Regionen Nord- und Mittelgriechenlands sammeln die Bienen zucker- und eiweißhaltige Sekrete von den Nadelbäumen. Auch der der hellgelbe Honig aus dem Nektar der Zitrusblüten ist sehr begehrt. Am beliebtesten ist jedoch der goldgelbe Thymianhonig mit einem zarten Duft nach Bergkräutern, der vom Peloponnes, den Inseln und vor allem von Kreta kommt. Honig wird in Griechenland täglich zum Frühstück gegessen und als Zwischemahlzeit mit Joghurt. Begehrt sind auch die Honigwaben, die außer Honig wertvolle Blütenpollen und Enzyme enthalten. Zur Stärkung der Immunkräfte sollen sie besonders wirksam sein. Man ißt sie, indem man Stücke abbeißt, kaut und das Wachs zuletzt ausspuckt.

Den griechischen Honig kauft man am besten direkt vom Imker.

Engelshaar-Rollen

Aus Athen · Gelingt leicht

Kataífi me karídia

Zutaten für eine rechteckige Form von etwa 35 x 25 cm, für 16 Stücke:
500 g fertiger Kataífi (in Folie eingeschweißter, frischer Engelshaar-Teig)
250 g Walnüsse, fein gemahlen (ersatzweise Pistazien)
300 g Zucker
1 TL Zimtpulver
150 ml Olivenöl und Öl für die Form
1 unbehandelte Zitrone
2 EL Rosen- oder Orangenblütenwasser

Zubereitungszeit: 45 Min. (+ 30 Min. Backen + 30 Min. Kühlen)

Pro Stück: 1600 kJ/380 kcal

1 Teig aus der Folie nehmen, auf ein Tablett legen und mit einem feuchten Tuch bedecken. Backofen auf 180° (Gas Stufe 2) vorheizen. 200 g Nüsse mit 100 g Zucker und Zimt vermischen. Form mit Öl einreiben.

2 Teigstrang in Stücke von etwa 15 cm Länge schneiden. Dafür sorgen, daß die Fäden möglichst in einer Richtung liegenbleiben.

3 Einen Teil der Fäden, etwa 30–40 g, abnehmen und zu einem Streifen von 4–5 cm Breite legen.

4 An den unteren Rand des Streifens die Nußmischung streuen, Engelshaar aufrollen, abstehende Fäden mitnehmen. Rolle mit der Nahtstelle nach unten an den Rand der Form legen.

5 Auf diese Weise den ganzen Teig zu Rollen verarbeiten, dicht nebeneinander in Reihen in die Form legen. Den freien Platz mit zusammengeknüllter Alufolie ausfüllen.

6 Die Rollen gründlich mit Öl einpinseln und im Ofen (Mitte) etwa 30 Min. backen, bis sie schön braun werden.

7 Inzwischen aus 200 g Zucker, 200 ml Wasser, einem Stückchen Zitronenschale und ausgepreßtem, durchgesiebtem Zitronensaft einen noch recht flüssigen Sirup kochen, abkühlen lassen und danach das heiße Gebäck damit begießen. Mit Rosen- oder Orangenblütenwasser beträufeln. Gebäck etwa 30 Min. abkühlen lassen, vor dem Servieren mit den restlichen Nüssen bestreuen.

Info: Der Teig »Kataífi« ähnelt in der Form einem Strang Wolle.

Sauerkirschen in Sirup

Vom Festland · Gelingt leicht

Vissinó glykó

Zutaten für 4 Gläser:
1 kg Schattenmorellen
1 kg Zucker
Saft von 1 Zitrone

Zubereitungszeit: 30 Min.
(+ 12 Std. Ziehenlassen)

Pro Glas: 4700 kJ/1100 kcal

1 Kirschen abbrausen, abtropfen lassen, entsteinen, den Saft dabei auffangen. Kirschen abwechselnd mit dem Zucker in eine Schüssel schichten, den Saft dazugießen. Zugedeckt über Nacht im Kühlschrank richtig Saft ziehen lassen und durchrühren.

2 Kirschen mit Saft und 50 ml Wasser in einem Topf bei starker Hitze aufkochen. Zitronensaft durch ein Sieb dazugießen. Bei starker Hitze offen weiterkochen, bis der Saft dicklich wird. Zur Probe einen Tropfen Saft auf eine Untertasse träufeln. Wölbt er sich, so ist der Sirup fertig.

3 Kirschen mit Sirup in gut gereinigte Gläser mit Twist off-Deckel von je 500 g Füllmenge füllen. Ränder gewissenhaft säubern, Deckel fest aufsetzen, Kirschen kühl aufbewahren.

Milchpastete

Aus Nordgriechenland

Galaktoboúriko

Zutaten für 30 Stück:
3 Eier
300 g Zucker
90 g Hartweizengrieß
1 Vanillestange (oder 2 Päckchen Vanillezucker)
1 unbehandelte Zitrone
1 l Milch
Salz
150 g Butter und Butter für das Backblech
1 Paket Fillo-Teigblätter
1 Zimtstange

Zubereitungszeit: 1 Std.
(+ 40 Min. Backen)

Pro Stück: 680 kJ/160 kcal

1 Eier in eine Schüssel aufschlagen und mit 200 g Zucker schaumig rühren. Grieß unter Rühren einrieseln lassen. Aus der Vanillestange das Mark auskratzen. Zitrone waschen, abtrocknen, die Schale fein abreiben, mit dem Vanillemark, 1 l Milch und 1 Msp. Salz unterrühren.

2 Alles in einen Topf gießen, die Vanillestange hinzufügen und bei mittlerer Hitze unter Rühren aufkochen. Wenn die Masse dicklich ist, Topf beiseite ziehen, die Vanillestange entfernen und den Brei abkühlen lassen. Gelegentlich rühren.

3 Ein großes Backblech mit Butter einfetten. Backofen auf 180° (Gas Stufe 2) vorheizen. Butter leicht erwärmen.

4 Die Fillo-Blätter aus der Folie nehmen, auseinanderfalten und mit Wasser fein besprühen. Mit einem feuchten Tuch bedeckt kurz ruhen lassen. Die Hälfte der Fillo-Teigblätter auf das Blech legen, dabei jedes mit Butter einpinseln, Ränder überhängen lassen. Den Brei gleichmäßig darauf verstreichen.

5 Ränder nach innen klappen und einpinseln. Pastete mit den übrigen Teigblättern, jeweils eingepinselt, bedecken. Ränder abschneiden oder nach unten einklappen. Mit einem scharfen Messer die Pastete in Rechtecke von 6 x 8 cm schneiden, jedes noch diagonal einschneiden.

6 Pastete im Ofen (Mitte) 35–40 Min. hellbraun backen. ⅛ l Wasser mit 100 g Zucker, dem ausgepreßten, durchgesiebten Saft der Zitrone, der Zimtstange etwa 2 Min. kräftig aufkochen, abkühlen lassen. Die heiße Pastete damit beträufeln, abkühlen lassen, in Dreiecke geteilt servieren.

Sesamkringel

Aus Athen · Gut vorzubereiten

Koulóuria

Zutaten für 8 Kringel:
500 g Mehl und Mehl zum Arbeiten
1 TL Salz
3 EL Olivenöl und Öl für das Blech
30 g frische Hefe (3/4 Würfel)
250 g Sesamsamen

Zubereitungszeit: 45 Min.
(+ 40–50 Min. Gehenlassen
+ 35 Min. Backen)

Pro Stück: 1800 kJ/430 kcal

1 Mehl in eine Schüssel sieben. In der Mitte eine Mulde bilden. Salz auf den Rand streuen und das Öl in die Mulde gießen. Hefe in 300 ml warmem Wasser auflösen, auf das Öl gießen. Alles zu einem Teig verrühren, dann am besten mit der Hand durcharbeiten – er bleibt recht weich. Teig in der Schüssel mit einem Tuch bedeckt an einem warmen Platz 30–40 Min. gehen lassen. Backofen auf 225° (Gas Stufe 4) vorheizen. Ein großes Backblech einfetten.

2 Den Teig wieder gut durcharbeiten, zu einer Rolle formen und in 8 gleich große Stücke schneiden. Jede Portion zu einem Strang von etwa 2 cm Durchmesser und 35 cm Länge formen und zum Kreis legen. Die Enden gut zusammendrücken.

3 Warmes Wasser in eine Schüssel füllen. Sesam auf einen Teller gießen. Die Kringel vorsichtig hochnehmen, kurz in Wasser tauchen, von beiden Seiten in den Sesam legen, damit dieser reichlich daran kleben bleibt.

4 Die Kringel auf das Blech legen und noch etwa 10 Min. zugedeckt gehen lassen. Etwa 25 Min. im Backofen (Mitte) backen. Nach etwa 10 Min. einen Guß kaltes Wasser auf den Backofenboden sprühen, Ofentür sofort schließen und die Kringel backen, bis sie schön braun sind.

Athener Walnußkuchen

Gelingt leicht

Karidópitta Athinàiki

Zutaten für 1 Springform
von 28 cm Ø, für 16 Stücke:
400 g Walnußkerne
8 Eier · 125 g weiche Butter
1 Vanilleschote
180 g Zucker · 250 g Mehl
1/2 Päckchen Backpulver
Schale von 1 unbehandelten Zitrone
Salz
Butter und Paniermehl für die Form
Für den Sirup:
250 g Zucker · Saft von 1/2 Zitrone
1 Zimtstange
2 cl griechischer Weinbrand

Zubereitungszeit: 45 Min.
(+ 1 Std. Backen)

Pro Stück: 2400 kJ/570 kcal

1 300 g Walnußkerne in der Küchenmaschine fein zerkleinern, den Rest grob hacken. Eier in Eiweiß und -gelb trennen. Butter in eine Schüssel geben. Vanilleschote ausschaben. Das Mark mit dem Zucker zur Butter geben, alles schaumig rühren. Nach und nach das Eigelb unterrühren. Mehl und Backpulver mischen und auf die Eimasse sieben. Zitrone waschen, die Schale fein abreiben und mit 1 Prise Salz hinzufügen. Alles gründlich verrühren.

2 Backofen auf 180° (Gas Stufe 2) vorheizen. Eiweiß zu steifem Schnee schlagen und mit den feingemahlenen Nüssen vorsichtig unter den Teig heben. Die Form einfetten und mit Paniermehl ausstreuen. Den Teig einfüllen und den Kuchen im Backofen (Mitte) in 50–60 Min. backen.

3 Für den Sirup Zucker und 1/2 l Wasser in einen Topf geben, Zitronensaft dazugießen, Zimtstange hinzufügen und alles bei mittlerer Hitze knapp 10 Min. kochen – der Sirup soll dünnflüssig bleiben. Sirup abkühlen lassen, Zimtstange entfernen und den Weinbrand untermischen.

4 Den heißen Kuchen in der Form mit dem abgekühlten Sirup begießen, bis er ihn völlig aufgenommen hat. Kurz durchziehen und abkühlen lassen, auf eine Kuchenplatte legen, in quadratische Stücke schneiden. Vor dem Servieren mit den grob gehackten Nüssen bestreuen.

Osterbrot

Ganz Griechenland

Tsourékia

Zutaten für 1 Osterbrot, für etwa 20 Stücke:
8 Eier
rote Ostereierfarbe
½ TL Öl
500 g Mehl und Mehl zum Arbeiten
1 Päckchen Hefe (1 Würfel)
100 g Zucker
100 g Butter und Butter für das Backblech
½ TL Salz
1 unbehandelte Orange
1 TL Anispulver
1 Eigelb
50 g Sesamsamen

Zubereitungszeit: 1 Std. (+ 1¾ Std. Gehenlassen + 40 Min. Backen)

Pro Stück: 860 kJ/200 kcal

1 5 Eier etwa 5 Min. vorkochen, mit der Ostereierfarbe rot färben und mit Öl einreiben, damit sie schön glänzen.

2 Mehl in eine Schüssel sieben und eine Mulde eindrücken. Hefe mit 6 EL warmem Wasser und 1 TL Zucker glattrühren, in die Mulde gießen und mit etwas Mehl verrühren. Die Schüssel mit einem Tuch bedeckt etwa 30 Min. an einen warmen Platz stellen.

3 Butter erwärmen und mit Zucker, 3 Eiern und Salz zum Vorteig geben. Die Orange waschen, Orangenschale fein abreiben und mit Anispulver ebenfalls hinzufügen. Alles zu einem Teig verrühren und verkneten, zugedeckt etwa 1 Std. warm stellen und gehen lassen, bis das Volumen deutlich zugenommen hat.

4 Backofen auf 180° (Gas Stufe 2) vorheizen. Ein großes Backblech einfetten. Den Teig zusammenkneten. Etwa ein Drittel abschneiden und zur Seite legen. Aus dem großen Teil einen länglichen Laib von etwa 30 cm formen, auf das Blech legen.

5 Restlichen Teig in 4 Teile teilen. Stränge in der Länge des Laibes formen. Je 2 davon umeinander winden.

6 Den Laib an den Seiten etwas zusammendrücken, die Stränge herumlegen und andrücken.

7 Eigelb mit 1 EL Wasser verquirlen, das Brot damit einpinseln, dick mit Sesam bestreuen, noch etwa 15 Min. gehen lassen.

8 In der Mitte in einer Reihe 5 Vertiefungen eindrücken. Die gefärbten Eier hineinsetzen. Das Brot im Backofen (Mitte) 30–40 Min. backen.

Variante: Neujahrsbrot

Teig wie oben beschrieben zubereiten, in eine ausgefettete Springform von 28 cm Ø legen und eine in Alufolie gewickelte Münze darin verstecken. Teig mit Eigelb einpinseln, mit halbierten Mandeln ein Kreuz legen und alles mit Sesam bestreuen. Brot im Ofen (Mitte) bei 180° (Gas: Stufe 2) in 30–40 Min. backen. Es wird in der Neujahrsnacht aufgeteilt. Wer die Münze findet, hat im neuen Jahr viel Glück.

Typische Menüzusammenstellungen

Ob im Alltag oder zu besonderen Feiertagen, Freude am Essen, am Genuß bestimmen rund um das Jahr das Angebot der Mahlzeiten. Auch die einfachsten werden mit Liebe und Phantasie zubereitet. Das Menü eröffnen die Vorspeisen, dazu zählen auch eine Suppe und ein Salat, ersatzweise einige aufgeschnittene Tomaten, Gurken und im Ganzen gereichte, geputzte Frühlingszwiebeln oder geschälte, geviertelte runde Zwiebeln. Dann folgt ein Hauptgericht mit Fleisch, Fisch oder nur mit Gemüse – durch die zahlreichen Fastentage im griechisch-orthodoxen Kirchenjahr kennt die griechische Küche eine Vielzahl vegetarischer Hauptgerichte. Als Dessert kommen immer Früchte auf den Tisch, entweder geschält, in Stücke geschnitten und hübsch arrangiert, oder ganze Früchte auf einer Platte zum Selberschälen oder auch als Kompott. Den Abschluß bildet ein Tässchen starker griechischer Mokka. An Festtagen mit besonderem Traditonsgebäck wird oft nach dem Essen auch davon probiert.
Frisches Wasser als Getränk zu den Mahlzeiten steht immer auf dem Tisch. Dazu gesellen sich – vor allem am Abend, wenn die Arbeit getan ist – nach Geschmack Retsina, ein einfacher Landwein, Oúzo, der mit Wasser verdünnt getrunken wird oder Bier. Qualitätsweine aus den verschiedenen Regionen des Landes genießt man zu besonderen Anlässen, wenn Gäste kommen oder zu festlichen Mahlzeiten.

* Dieses Gericht ist in dem Buch nicht als Rezept aufgeführt.

Menüs für jeden Tag

Bauernsuppe 51
Fritierte Tintenfische 43
Gefüllte Schühchen 104

Gefülltes Gemüse 97
Bauernsalat 35
Hacksteaks mit Schafkäse 118
Bohnen in Tomatensauce 28

Trockenes Brot mit Belag 39
Linsensuppe 48
Eintopf mit Reisnudeln 74

Sardinen aus dem Ofen 92
Wildgemüsesalat 30
Smyrna-Würstchen 108

Schnelle Menüs

Käse aus der Pfanne 40
Bauernsalat 35
Nudelplättchen Metsovo 78
(mit fertigen Nudeln)

Trachana-Suppe 53
Eier auf Auberginen 70
Lammfleischspieße 122

Spitzkohlsalat mit Möhren 36
Gebackene Paprikaschoten 26
Schweinefleisch mit Riesenbohnen 116

Zucchini-Pastete 63
Tzatzíki 27
Palamut mit Gemüse 90

Menüs, die sich gut vorbereiten lassen

Salat aus Augenbohnen 36
Gefüllte Weinblätter 44
Fleischpastete 58

Kichererbsensuppe 50
Nudelauflauf mit Lauch 76
Oktopus in Wein 84

Rote-Bete-Salat 34
Kartoffel-Knoblauch-Paste 43
Eintopf mit Reisnudeln 74

Spinatreis 76
Käse aus der Pfanne 40
Nudelauflauf 73

Vegetarische Menüs

Zucchini-Krapfen 28
Tzatzíki 27
Spinatpastete 56

Erbsenpaste 39
Trockenes Brot mit Belag 39
Gemüseauflauf 96

Linsensuppe 48
Rote-Bete-Salat 34
Artischocken mit Bohnen 98

Menüs mit Fleisch

Fleischpastete 58
Bauernsalat 35
Zicklein in Orangensaft 120

Hacksteaks mit Schafkäse 118
Rote-Bete-Salat 34
Huhn mit Oliven 112

Hühnersuppe mit Ei und Zitrone 48
Gebackene Paprikaschoten 26
Gefüllte Schühchen 104

Tzatzíki 27
Gefüllte Weinblätter 44
Lammfleischspieße 122

Menüs mit Fisch

Fischrogenpaste 33
Gebackene Garnelen 41
Geschmorter Stockfisch 88

Gefüllter Tintenfisch 91
Bauernsalat 35
Palamut mit Gemüse 90

Erbsenpaste 39
Gebackene Paprikaschoten 26
Schwertfisch pikant 87

Frühjahrsmenü

Omelett mit Wildgemüse 68
Frischkäse-Taschen 60
Lamm mit Artischocken 123

Bauernsuppe 51
Wildgemüsesalat 30
Huhn mit Okraschoten 111

Sommermenü

Okraschoten in Tomatensauce 103
Sardien aus dem Ofen 52
Musaká 100

Tzatzíki 27
Bauernsalat 35
Gefüllte Weinblätter 44
Fischspieße 87

Zucchini-Pastete 63
Fischspieße 87
mit Kartoffel-Knoblauch-Paste 43
Bauernsalat 35

Zucchini-Krapfen 28
Muschelreis 73
Artischocken-Spinat-Auflauf 98

Herbstmenü

Eier auf Auberginen 70
Rote-Bete-Salat 34
Palamut mit Gemüse 90

Gebackene Paprikaschoten 26
Gefüllter Tintenfisch 91
Nudelauflauf mit Lauch 76

Kichererbsensuppe 50
Spinatpastete 56
Huhn mit Oliven 112

Wintermenü

Linsensuppe 48
Ausgebackene Muscheln 33
Stifádo 108

Bohnen in Tomatensauce 28
Spitzkohlsalat mit Möhren 36
Kalbfleisch mit Quitten 115

Trachana-Suppe 53
Salat aus Augenbohnen 36
Ragout mit Sellerie 115

Menüs für Gäste

Fischrogenpaste 33
Gebackene Paprikaschoten 26
Tzatzíki 27
Bauernsalat 35
Ausgebackene Muscheln 33
Kartoffel-Knoblauch-Paste 43
Salat aus Augenbohnen 36
Musaká 100
Engelshaar-Rollen 130

Frischkäse-Taschen 60
Gefüllte Weinblätter 44
Tzatzíki 27
Smyrna-Würstchen 108
Meerbrasse aus dem Ofen 82
oder
Schwertfisch pikant 87
Athener Walnußkuchen 135
Früchte *

Menüs für große Feste

Ostermenü

Käsetäschchen 64
Zucchini-Krapfen 28
Wildgemüsesalat 30
Lamm aus dem Ofen 110
oder
Zicklein in Orangensaft 120
Osterbrot 136

Weihnachtsmenü

Hühnersuppe mit Zitrone 48
Gebackene Garnelen 41
Spitzkohlsalat mit Möhren 36
Nudelauflauf 73
Huhn mit Oliven 112
oder
Kaninchen in Rahm 118
Mandelgebäck 128 und
Griechischer Mokka

Silvestermenü

Fritierte Tintenfische 43
Kartoffel-Knoblauch-Paste 43
Fischrogenpaste 33
Rote-Bete-Salat 34
Stifádo 108 oder
Ragout mit Sellerie 115
Neujahrsbrot 136 und
Griechischer Mokka
Liebesschleifen 128

Glossar

A la Spetsiota: Garen von Fisch im Ofen wie auf der Insel Spetses

Agriochórta: Im Freien gesammeltes Wildgemüse.

Amyntäon: Weinanbaugebiet in Makedonien, mit meist trockenen Rotweinen aus Negoska- und Xinomavro-Reben.

Archanes: Weinanbaugebiet auf Kreta bei Heraklion, mit trockenen und halbtrockenen Qualitätsweinen aus der roten Kotsifali- und Mandilaria- sowie der weißen Vilana-Rebe.

Avgotarachon: Auch Taramás, Kaviar der Meeräsche, für Taramósalata, die Fischrogenpaste.

Athótiros: Zylindrisch gepreßter, kurz gelagerter, ungesalzener Käse von Kreta.

Attika: Weinanbaugebiet Zentralgriechenlands, vor allem für trockenen Weißwein aus Savatiano- und Roditis-Trauben, aus dem auch Retsina produziert wird.

Avgolémono: Binden und Verfeinern von Suppen und Saucen mit verquirltem Ei und Zitronensaft.

Baklava: Orientalisches Gebäck aus hauchdünnem Blätterteig mit Nüssen und Zuckersirup.

Basilikum: Griechisch Vasilikós, »das Königliche«, Heilkraut.

Bulgara-Joghurt: Dem Geschmack nach griechischem Joghurt ähnlich.

Chalva: Auch Halva, orientalische Süßigkeit aus Mandeln oder Sesam, aus Mehl oder Grieß, Öl oder Butter und Zucker.

Chima: Hauswein, den auf der Insel Kreta die Familien selber keltern.

Chylopittes: In kleine Quadrate geschnittene Nudeln.

Dáphne: → Lorbeer; auch Weinanbaugebiet auf Kreta mit Dessertwein.

Dill: Griechisch Ánithos, frisch zum Würzen von Gemüse und Fisch sehr beliebt, aber auch typisch für Reis- und Pastetenfüllungen.

Fenchel: Griechisch Márathos. Frisches Fenchelgrün sprießt aus der Fenchelknolle. Es wird häufig bei Gemüse- und Fischgerichten verwendet.

Feta: Säuerlicher, in Blöcke gepreßter, frischer Schafkäse in Salzlake.

Fillo-Teigblätter: 50 bis 60 cm im Durchmesser, sind meist 5 Stück (500 g) in Folie zu kaufen. Als Fertigteig gibt es sie im griechischen und türkischen Lebensmittelhandel, hier Yufka genannt.

Formáno: Käsespezialität von Epirus.

Fraoula: Erdbeerlikör von Zakynthos.

Glyko: In Zuckersirup gekochte Früchte, eine Art Konfitüre, die zu Festen oder zur Begrüßung den Gästen auf Löffelchen gereicht wird. Sie heißt auch Löffelsüßigkeit.

Goumenissa: Weinanbaugebiet Makedoniens mit meist trockenen Rotweinen aus Negoska- und Xinomavro-Reben.

Graviéra: Pikanter, halbfester oder fester Käse aus Schaf- oder Kuhmilch, Name und Art sind vom französisch/schweizerischen Gruyère/Greyerzer abgeleitet.

Joghurt, griechischer: Yaourti, aus Schaf- oder Kuhmilch mit 6 bis 10 % Fett i.d. Trockenmasse, besonders dick als Yaourti sakoula, im Mulltuch abgetropft.

Kafeneon: Kaffeehaus, traditioneller Männertreff zum Debattieren.

Kafés elléniko: Griechischer Kaffee, in kleinen Portionskännchen mit oder ohne Zucker aufgekocht.

Kalamata: Für seine Oliven berühmtes Gebiet auf dem Peloponnes.

Kasseri: Schnittkäse in Block- oder Laibform aus Schaf- und/oder Kuhmilch, lange gelagert besonders pikant.

Kataífi: Teigfäden für Gebäck, frisch in Folie oder getrocknet im Karton gibt es sie im griechischen oder türkischen Lebensmittelladen zu kaufen.

Kefalograviéra: Variante des Kefalotiri, wird ähnlich verwendet.

Kefalonia: Ionische Insel mit Qualitätswein Robola von Kefalonia.

Kefalotiri: Fester, pikanter Rohmilchkäse aus Schaf- oder Ziegenmilch, unterschiedlich geformt und gelagert, wird zum Kochen, zum Braten und Reiben verwendet.

Kidnopasto: Quittenpaste, eine Spezialität der Ionischen Inseln.

Kitronlikör: Spezialität von Naxos aus der Zitronatzitrone.

Kreta: Größte Insel Griechenlands und eines der ältesten Weinanbaugebiete im Mittelmeerraum mit den Regionen Archanes, Peza, Daphne und Sitia.

Kritharaki: Reiskornförmige Nudel für Suppe und Eintopf.

Lefkas: Ionische Insel mit Rotwein Santra Mavra aus der Vertzami-Rebe.

Limnos: Ägäische Insel mit trockenem, fruchtigem Prädikatswein Muskat von Limnos und Likörwein.

Löffelsüßigkeit: → Glyko

Lorbeer: Griechisch Dáphne, Váya oder Phylláda. Die Blätter werden für Fisch, Fleisch oder Eintopf verwendet, frisch sind sie besonders aromatisch.

Loukanika: Stark gewürzte Würste, Spezialität aus Thrakien.

Loukoumi: In Puderzucker gewälzte Fruchtgeleewürfel, sie schmecken besonders köstlich auf der Inel Syros.

Majeritsa: Traditionelle Osternachtssuppe aus den Innereien des Osterlamms.

Majoran: Griechisch Mantzourána, wird frisch oder getrocknet wie Oregano verwendet.

Mandilaria: Rote Rebsorte von Kreta und den ägäischen Inseln.

Mandolata: Weißes Mandelkonfekt.

Manoúri: Frischer, schnittfester, mild gesalzener Käse, je nach Region aus Schaf-, Ziegen- oder Kuhmilch.

Mantinia: Weinanbaugebiet Arkadiens/ Peloponnes mit trockenem fruchtigem Weiß- und Schaumwein aus der Moschofilero-Rebe.

Mastix: Harz des Mastixstrauches der Insel Chios; als Gewürz und Pharmazeutikum verwendet.

Mastos Afroditis: Pfirsichsorte aus Mittelgriechenland, die vor allem im Bereich des Pilion gedeiht.

Mavrodaphne von Kefalonia: Dessertwein der Insel Kefalonia.

Mavrodaphne von Patras: Likörwein von Patras auf dem Peloponnes.

Metaxa: Berühmter Weinbrand. Qualitätsstufen nach Reifezeit in Eichenfässern: 5* Classic (38% Vol.), 7* Amphora (40% Vol.), Grand Olympian Reserve (40% Vol.), Metaxa Centenary. Metaxa produziert auch Ouzo.

Metsovone kapnisto: Leicht geräuchterter Schafkäse aus Metsovo/ Epirus.

Minze: Krause Minze, Pfefferminze, griechisch Agriodiósmos, Ménta. Die Blätter werden frisch oder getrocknet zum Würzen von Reis- und Käsefüllungen genommen.

Mizíthra: Frischkäse, meist aus Schafmilch, ungesalzen für süßes, gesalzen für herzhaftes Gebäck.

Moschofilero: Wein aus dem Anbaugebiet Mantinia/Peloponnes.

Muskat von Limnos: Trockener Wein der Insel Limnos.

Muskat von Patras: Dessertwein aus Patras/Peloponnes.

Naoussa: Berühmtes Weinanbaugebiet Makedoniens mit trockenen Rotweinen aus der Xinomavro-Traube.

Nea Anchialos: Weinanbaugebiet Thessaliens mit Weißweinen aus Savatiano- und Roditis-Reben.

Nemea: Weinanbaugebiet auf dem Peloponnes, nahe Korinth, mit der Agiorgitiko-Rebe. Beiname des trockenen, vollen Rotweins ist »Blut des Herkules«.

Nykteri: Rebsorte der Insel Santorin.

Orangenblütenwasser: Essenz aus Orangenblüten zum Würzen von Gebäck, im griechischen Lebensmittelhandel oder in Apotheken erhältlich.

Oregano: Griechisch Rigani. Es wird meist getrocknet für Fleisch- und Gemüsegerichte, aber auch gern zum Bestreuen von Salat und Feta-Käse hergenommen.

Oúzeria: Kleines, einfaches Lokal, wo es Oúzo oder offenen Wein zu kalten und warmen Vorspeisen gibt.

Oúzo: Aus Traubenrückständen gebrannter Schnaps mit typischem Anis-Aroma, seltener auch aus Feigen gebrannt oder mit Mastix aromatisiert.

Palamut: Fisch aus der Familie der Pelamiden, zu denen auch die Makrele zählt.

Paros: Kykladeninsel mit rubinrotem Wein aus der weißen Monemvassia- und der roten Mandilaria-Rebe.

Pastourma: In einer dicken Gewürzkruste getrocknetes Rindfleisch, Spezialität Thrakiens und Makedoniens.

Patras: Weinanbaugebiet auf dem Peloponnes mit Likörwein »Mavrodaphne von Patras«, »Muskat von Patras« sowie Weiß- und Roséweinen mit Herkunftsbezeichnung.

Patsa: Suppe aus Lammkopf, -füßen und -innereien, eine deftige Spezialität kleiner Lokale in Marktnähe.

Petersilie, glattblättrige: Griechisch Maidanós, sie wird in der griechischen Küche in fast allen Gerichten verwendet.

Peza: Weinanbaugebiet bei Heraklion auf Kreta mit Rotwein aus Kotsifali- und Mandilaria-Reben sowie Weißwein aus Vilana-Trauben.

Pitta: Sammelbezeichnung für Pasteten, Teigtaschen und flache Brote.

Rakiya: Auch Tsikoudia, aus Weinrückständen gebrannter Schnaps von Kreta.

Rapsani: Wein von den Vorbergen des Olymp in Thessalien aus den roten Rebsorten Xinomavro, Krassato, Stavroto.

Retsina: Mit Körnchen des Pinienharzes hergestellter frischer Traditionswein, selten rosé, meist weiß aus Savatiano- und Roditis-Reben, in Tavernen oft aus dem Faß gezapft. Am 26. Oktober, dem Demitrius-Tag, wird der junge Retsina angestochen.

Revani: Rührkuchen aus Eiern und Grieß, mit Zuckersirup getränkt, besonders in Nordgriechenland beliebt.

Rhodos: Dodekanes-Insel mit Qualitätsweinen, vor allem aus der weißen Athiri- und der roten Amorgiano-Rebe.

Robola: Weißwein von den Ionischen Inseln, vor allem von der Insel Kefalonia.

Roditis: Weißwein aus dem Anbaugebiet von Nea Anchialos in Thessalien aus der gleichnamigen Rebsorte.

Rosenwasser: Essenz aus Rosenblättern für süßes Gebäck, im griechischen oder türkischen Lebensmittelhandel erhältlich.

Rosmarin: Griechisch Dentrolivano. Die Zweige oder Blättchen werden frisch oder getrocknet zum Würzen von Backofen- und Grillgerichten verwendet.

Salbei: Griechisch Phaskómilo, zum Würzen von Würsten verwendet, aber auch als Tee beliebt.

Samos: Weinanbaugebiet mit dem berühmten Dessertwein Muskat Samos.

Santa Mavra: Die »heilige Schwarze«, Rotwein der Ionischen Insel Lefkas.

Santorin: Weinanbaugebiet mit trockenem Weißwein aus Assyrtiko- und Nykteri-Reben und Likörwein.

Savatiano: Weißwein aus dem Anbaugebiet Nea Anchialos in Thessalien aus gleichnamiger Rebe.

Schälerbsen: Getrocknete, von den Häutchen befreite gelbe oder grüne Erbsen, im Handel erhältlich.

Schwarze Augen-Bohne: Kleine, weiße getrocknete Bohne mit schwarzem Punkt in der Beuge.

Sesfikia: Wie Wurst geformte Süßigkeit aus Moustos, stark eingedicktem Traubenmost, gefüllt mit Walnüssen.

Sitia: Weinanbaugebiet im Osten Kretas mit gehaltvollem Rot- und fruchtigem Likörwein aus der kleinen Liatiko-Rebe.

Stavroto: Rote Rebsorte, die vor allem im Weinanbaugebiet von Rapsani in Thessalien vorkommt.

Tapsi: Allgemein gebräuchliches rundes Blech in verschiedenen Größen mit 5–7 cm hohem Rand zum Backen und Garen im Ofen.

Taramás: → Avgotarachon

Throumbes: Reife, schwarze, runzelige Oliven.

Thymian: Griechisch Thimári, die Blättchen werden frisch oder getrocknet für Eintopf-, Fleisch- und Nudelgerichte verwendet.

Trachana: Mit unterschiedlichen Zutaten wie Getreide, Joghurt, Tomaten und Gewürzen hergestelltes Suppenmehl.

Triantafillo glyko: Eine Löffelsüßigkeit mit Rosenblättern.

Tsakistes: Säuerlich eingelegte grüne Oliven.

Tsikoudia: → Rakiya.

Tsipouro: Ein aus Weinrückständen gebrannter Schnaps, Spezialität Nordgriechenlands.

Tsirossalata: Getrocknete kleine Makrelen, gewürzt mit Zitrone und mit Zwiebeln angerichtet. Diese Vorspeise ist eine Spezialität in Thessaloniki.

Verdea: Weißwein der Ionischen Insel Zakynthos.

Vertzami: Dunkle Rebsorte, → Santa Mavra.

Vilana: Alte kretische Rebsorte, die einen frischen, fruchtigen Weißwein ergibt.

Weinanbaugebiete, bedeutende: Côtes de Meliton, Berg Athos, Amyntäon; Naoussa, Goumenissa in Makedonien; Metsovo, Zitsa im Epirus; Nea Anchialos, Rapsani in Thessalien; Nemea, Mantinia, Patras auf dem Peloponnes; Korfu, Lefkas, Zakynthos, Kefalonia, Ionische Inseln; Samos, Limnos, Ägäische Inseln; Rhodos; Archanes, Peza, Daphne, Sitia auf Kreta, Santorin, Paros, Kykladen.

Weinblätter: Frische oder in Lake haltbar gemachte Blätter vom Weinstock, die zum Füllen gedacht sind. Sie sind im Glas oder in Folie zu kaufen.

Xinomavro: Rote Rebsorte.

Yufka: → Fillo.

Zakynthos: Ionische Insel mit berühmtem Weißwein aus der Verdea-Rebe.

Abkürzungen:

TL	=	Teelöffel
EL	=	Eßlöffel
Msp.	=	Messerspitze
kJ	=	Kilojoule
kcal	=	Kilokalorie

Rezept- und Sachregister

Umschlag-Vorderseite: Das Bild zeigt einen griechischen Vorspeisenteller mit Tzatzíki (S. 27), Fischrogenpaste (S. 33), Gefüllten Weinblättern (S. 44), Oliven, Paprikaschoten, Schafkäse und weißen Bohnen (aus dem griechischen Spezialitätenladen). Dazu paßt ein Glas Retsina.

Die Bilder ohne Bildunterschriften zeigen: Die Fotos auf S. 4/5 von links gegen den Uhrzeigersinn: Die byzantinische Kirche von Monemvasia, Peloponnes (1), den Apollontempel und Akrokorinth, Peloponnes (2), eine typische Kirche auf Ios (3), eine Frau mit Wolle auf Karpathos (4), einen Fischer auf Skiathos (5), Statuen auf Samos am Heraion bei Pythagorion (6), Windmühlen auf Mykonos (7). Das Foto auf der Rückseite zeigt 3 Männer in einer Taverne in Mezapos, Peloponnes. Das Foto auf S. 8/9 zeigt eine Kirche auf Santorin.

Bildnachweis

Titelbild und Rezeptfotos: Michael Brauner, Food Fotografie.
Die Fotografen der Bilder im Inhaltsverzeichnis, des Kapitels »Land und Leute laden ein...« und der Produktinformationen nachstehend in alphabetischer Reihenfolge:
Bildagentur J. Dziemballa, Dr. Janicke, München: S. 4/5 (Bild 2, 4), 8/9, 17 unten, 22;
Michael Brauner, Food Fotografie, Karlsruhe: S. 59, 75, 83, 117;
Herbert Hartmann, München: S. 20;
Gerhard P. Müller, Dortmund: S. 10, 11 (2), 19 (2), 23 oben;
Photo & Presse Franz Roth, Nürnberg: S. 14 (2), 15;
Erich Raab, München: S. 120;
Hermann Rademacker, München: S. 12, 13;
Thomas Stankiewicz, München: S. 4/5 (Bild 3, 7) 17 oben, 21 oben;
Martin Thomas, Aachen: S. 4/5 (Bild 1, 5, 6) 16 (2), 18, 21 unten, 129, Umschlagrückseite;
Taneli Türkkan, Bernried: S. 23 unten, 30, 112.

Kristina Likidis-Königsfeld

ist mit der Küche ihrer Heimat seit ihrer Kindheit vertraut. Geboren auf der Insel Kreta, aufgewachsen in Athen, verbrachte sie die letzten Schuljahre mit ihren Eltern im Rheinland, wo sie nach ihrer Volontariatszeit bei einer Tageszeitung jahrelang als Journalistin arbeitete. Seit 1988 ist sie als freie Buchautorin und Journalistin in München tätig. Ihre Liebe zur heimatlichen Küche führte die leidenschaftliche Köchin auf unzählige Reisen kreuz und quer durch Griechenland, wo sie die ursprüngliche, unverfälschte Küche der jeweiligen Regionen suchte und ihr breites Repertoire an griechischen Rezepten erweiterte.

Michael Brauner, Food Fotografie

Nach Abschluß der Fotoschule in Berlin arbeitete Michael Brauner als Fotoassistent bei namhaften Fotografen in Frankreich und Deutschland und machte sich dann 1984 selbständig. Sein individueller, atmosphärereicher Stil ist überall geschätzt: in der Werbung sowie bei vielen bekannten Verlagen. In seinen Studios in München, Karlsruhe und Gordes (Provence) setzt er die Rezepte vieler Titel der Reihe »Küchen der Welt« stimmungsvoll ins Bild.

Claudia Stöber

lebt seit 1983 in Wiesbaden, wo sie Kommunikationsdesign mit Schwerpunkt Illustration studierte.
Seit einigen Jahren arbeitet sie selbständig für Verlage und Werbeagenturen, wobei sie die verschiedensten Stilrichtungen und Materialen einsetzt. Ihre große Liebe gilt dem Reisen und der damit verbundenen Landschaftsmalerei, für die sie besonders die Aquarelltechnik bevorzugt, um charakteristische Stimmungen und Land und Leute festzuhalten.

Dankeschön

Ein herzliches Dankeschön Frau Maria-Ursula Kongou, Herrn Spyros Xenakis, Herrn Charidimos Kakoulakis, Frau Titika Xinidakis sowie Herrn Lasaros Arachovitis, die Frau Likidis-Königsfeld beratend zur Seite standen.

Impressum

Redaktion: Dr. Stephanie von Werz-Kovacs und Birgit Rademacker
Lektorat: Angela Hermann
Illustrationen: Claudia Stöber
Herstellung: BuchHaus.Gigler.GmbH
Gestaltung: Konstantin Kern
Kartographie: Huber
Reproduktion: Lanarepro, Lana
Druck und Bindung:
Artes Gráficas Toledo S.A.U.
D.L. TO: 1431-2001

ISBN 3-7742-1871-4

Auflage 8 7 6
Jahr 03 02